FINAN CIERA TE

Juan Fernando López Valencia

Financiérate

Todo depende de ti, ¡nadie más podrá hacerlo posible!

Título original: Financiérate

Primera edición: septiembre, 2023

© Juan Fernando López Valencia, 2023

No se permite la reproducción total o parcial de este libro, ni su incorporación a un sistema informático, ni su transmisión en cualquier forma o por cualquier medio, sea electrónico, mecánico, por fotografía, por grabación u otros métodos, sin el permiso previo y por escrito del autor. La infracción de los derechos mencionados puede ser constitutivo de delito contra la propiedad intelectual.

Índice

Prólogo. 17

Capítulo 1 21
La importancia de la educación financiera en nuestras vidas 21
    ¿Por qué la educación financiera es fundamental? 23
    Definiendo la educación financiera: 23
    Desafíos comunes sin educación financiera: 24
    Beneficios clave de la educación financiera: 24
    Superando la brecha financiera: 24

Capítulo 2 27
Hacer el presupuesto 27
    Identificar nuestros rubros 30
    Es necesario presupuestar todo el año. 32
    Respetar lo presupuestado 39
    Clasificación de los egresos 40
    ¿Qué es el colchón de emergencia? 43
    ¿Qué hacer con el colchón de emergencia? 45

Capítulo 3 47
El rubro principal, "El ahorro" 47
    ¿Cuánto debe ser? 49
    ¿En qué momento se debe ahorrar? 50
    No confundir ahorro con el ahorro programado 51

- Distribución correcta de los gastos. 52
- Capítulo 4 57
- La deuda, espada de doble filo 57
  - La deuda mala, un obstáculo para el crecimiento 59
  - La deuda buena, potenciando nuestro crecimiento financiero 63
  - Estrategia de bola de nieve 67
- Capítulo 5 71
- Control diario de gastos 71
  - El control diario de los gastos 73
  - Herramientas para llevar un control diario de los gastos: 74
- Capítulo 6 79
- Control del presupuesto 79
- Capítulo 7 85
- El uso de tarjetas de crédito 85
  - Las tarjetas de crédito tienen mala reputación 88
  - Los beneficios de usar tarjetas de crédito 90
  - Fechas clave a tener en cuenta 92
  - Respeta los rubros 94
  - Nunca se debe pagar más de lo que pagarías en efectivo 95
- Capítulo 8 97
- Maximizando tus créditos hipotecarios y ahorrando dinero 97
  - La importancia de los bancos y los créditos hipotecarios 99
  - Crédito hipotecario a tasa fija 99
  - Crédito hipotecario a tasa variable 101
  - Crédito hipotecario con tasa mixta 103
  - Ahorrando dinero mediante aportes adicionales al capital 105

Estrategias para hacer aportes adicionales al capital:...............106

Ejercicio aplicado...............108

Recomendaciones adicionales: 112

Capítulo 9 115

El Historial Crediticio 115

El historial crediticio y su significado...............117

La importancia de un excelente historial crediticio...............118

Cómo generar un buen historial crediticio...............119

Si estás reportado ante centrales de riesgos...............120

Capítulo 10 121

Diversificación de los ingresos...............121

Fuentes de ingresos populares...............123

La importancia de la educación financiera en las inversiones 124

Recursos y libros recomendados...............126

Ilustraciones

Ilustración 1. Ejemplo para rubros de ingresos 31
Ilustración 2. Ejemplo para rubros de egresos 32
Ilustración 3. Presupuesto anual, (cifras en USD) 34
Ilustración 4. Egresos separados por (ahorro, deuda, gasto) 41
Ilustración 5. Distribución del presupuesto de Ana 42
Ilustración 6. Colchón de emergencia 45
Ilustración 7. Distribución de los gastos, Pablo Sánchez 53
Ilustración 8. Distribución del presupuesto de Ana, Pablo Sánchez...55
Ilustración 9. Ahorros, estrategia "bola de nieve" (cifras en USD).....68
Ilustración 10. Control diario de gastos..76
Ilustración 11. Presupuesto, ejecutado y disponible.........................82
Ilustración 12. Ejemplo de presupuesto completo.............................84
Ilustración 13: Fechas importantes en una tarjeta de crédito 93
Ilustración 14. Condiciones del crédito 108
Ilustración 15. Distribución cuota 1 del préstamo 108
Ilustración 16. Distribución cuota 2 del préstamo 109
Ilustración 17. Comportamiento abono a interés y abono a capital 110
Ilustración 18. Ahorro por abono extra a capital 110

Disfruta lo que haces,

no hagas daño y

deja este mundo mejor de lo que lo encontraste.

Prólogo.

Financiérate, descubriendo el éxito financiero.

En la actualidad, nunca ha sido más importante comprender y dominar los conceptos de educación financiera. En un mundo impulsado por el consumo y las oportunidades económicas, el conocimiento financiero se ha convertido en una herramienta vital para asegurar nuestro bienestar y libertad en el futuro.

En este libro, nos adentraremos en los fundamentos de la educación financiera y exploraremos los pilares que nos llevarán hacia una vida de éxito económico. Desde el establecimiento de un presupuesto sólido hasta el control de nuestros gastos diarios, cada capítulo ofrece valiosas lecciones que te empoderarán para tomar decisiones inteligentes y estratégicas en tu vida financiera.

Comenzaremos con el primer capítulo, "La importancia de la educación financiera en nuestras vidas", donde exploraremos por qué la educación financiera es esencial y cómo puede impactar positivamente en todas las áreas de nuestras vidas. A medida que avanzamos, abordaremos el arte de hacer un presupuesto en el capítulo dos, donde aprenderás cómo asignar tus ingresos de manera efectiva.

El ahorro, un componente vital para la estabilidad financiera, será nuestro foco en el capítulo tres. Descubrirás estrategias prácticas y consejos para cultivar el hábito del ahorro y asegurar un futuro próspero.

El capítulo cuatro nos sumergirá en el mundo de la deuda, revelando sus peligros y proporcionando estrategias para manejarla de manera inteligente y evitar que se convierta en una espada de doble filo. A continuación, en el capítulo cinco, aprenderás a llevar un control diario de tus gastos, una habilidad esencial para evitar derrochar y mantener tus finanzas bajo control.

En el capítulo seis, profundizaremos en el control del presupuesto y cómo mantenerlo de manera efectiva. Además, exploraremos el uso responsable de las tarjetas de crédito en el capítulo siete, desmitificando su papel en nuestras vidas financieras y mostrando cómo aprovechar al máximo sus beneficios sin caer en la trampa de la deuda.

En el capítulo ocho, nos enfocaremos en maximizar nuestros créditos hipotecarios y ahorrar dinero en el proceso, desvelando secretos y tácticas que pueden marcar una gran diferencia en nuestra estabilidad económica.

La importancia del historial crediticio será el tema central del capítulo nueve, donde descubrirás cómo construir y mantener un historial crediticio sólido para asegurar tu acceso a oportunidades financieras en el futuro. Por último, en el capítulo diez, exploraremos la diversificación de los ingresos, una estrategia esencial para asegurar nuestra resiliencia financiera y aprovechar diversas fuentes de ingresos.

A lo largo de este libro, mi objetivo es proporcionarte una guía completa que te permita desbloquear tu potencial financiero y alcanzar la libertad económica que tanto deseas. No importa en qué etapa te encuentres actualmente, este libro te brindará las herramientas necesarias para tomar decisiones informadas y construir una base sólida para tu futuro financiero.

Así que, ¡prepárate!

Capítulo 1

La importancia de la educación financiera en nuestras vidas

En un mundo en constante cambio, donde la estabilidad financiera se vuelve cada vez más crucial, es fundamental comprender la importancia de la educación financiera. Todos conocemos a personas que viven del día a día, atrapadas en un ciclo interminable de deudas y con dificultades para ahorrar e invertir. ¿Por qué sucede esto? La respuesta radica en la falta de educación financiera. Este capítulo aborda esta problemática y destaca cómo adquirir conocimientos financieros sólidos puede marcar una gran diferencia en nuestras vidas.

¿Por qué la educación financiera es fundamental?

Vivimos en una era en la que las decisiones financieras pueden tener un impacto significativo en nuestro bienestar y futuro. La educación financiera nos proporciona las herramientas necesarias para tomar decisiones informadas y evitar errores costosos, nos permite comprender conceptos como el presupuesto, el ahorro, la inversión y el endeudamiento responsable. Al adquirir conocimientos financieros sólidos, podemos tomar el control de nuestras finanzas y construir un futuro financiero con menor incertidumbre.

Definiendo la educación financiera:

La educación financiera no se trata solo de números y cálculos complicados, sino de aprender a planificar y proyectarse en el tiempo. Es una forma de capacitación que nos permite, entre otras cosas, establecer metas financieras realistas y trazar un plan para alcanzarlas. Al entender cómo funcionan los ingresos, los gastos, los impuestos y las inversiones, podemos tomar decisiones financieras inteligentes y evitar caer en "trampas" comunes.

Desafíos comunes sin educación financiera:

La falta de educación financiera conlleva una serie de desafíos que afectan a muchas personas. El malgasto irresponsable, la incapacidad para ahorrar, el endeudamiento excesivo y el pago de altos intereses son solo algunos ejemplos de cómo la falta de conocimientos financieros puede perjudicar nuestra estabilidad económica. Estos desafíos pueden convertirse en una carga constante que impide el crecimiento y la prosperidad financiera.

Beneficios clave de la educación financiera:

La adquisición de conocimientos en educación financiera ofrece numerosos beneficios. Cuando comprendemos nuestros ingresos y gastos, podemos controlar nuestras finanzas y evitar vivir al límite. La educación financiera nos enseña la importancia del ahorro y cómo hacerlo de manera efectiva. Además, nos capacita para evaluar y aprovechar las oportunidades de inversión, reduciendo así el riesgo de tomar decisiones financieras precipitadas o erróneas. Estar preparados para los imprevistos y tener solidez financiera nos brinda tranquilidad y seguridad.

Superando la brecha financiera:

Es importante destacar que la educación financiera no se limita a títulos académicos o logros educativos formales. Hay muchas personas exitosas que han alcanzado la prosperidad financiera sin tener una educación formal en finanzas. La clave está en adoptar una mentalidad financiera sólida y buscar activamente conocimientos financieros.

La educación financiera nos capacita para ser más que simples empleados trabajando para otros. Nos permite adquirir las habilidades necesarias para emprender, invertir y aprovechar oportunidades financieras. Cada uno de nosotros tiene el potencial de lograr cosas que ni siquiera imaginamos, pero a menudo nos frenamos por miedo o creencias limitantes. La educación financiera nos libera de esas barreras, nos empodera y nos permite trazar nuestro propio camino hacia la libertad financiera y la realización personal.

Capítulo 2

Hacer el presupuesto

Financiérate

En el ámbito financiero, la palabra "presupuesto" es una de las herramientas más poderosas y valiosas que podemos utilizar para tomar el control de nuestras finanzas personales. Un presupuesto bien elaborado nos permite asignar nuestros ingresos de manera inteligente, planificar nuestras metas y sueños, y evitar caer en la trampa del endeudamiento malo y excesivo.

En el frenético ritmo de vida actual, es fácil perder de vista nuestros objetivos financieros y caer en hábitos de gasto impulsivo. Sin embargo, al hacer un presupuesto consciente y disciplinado, nos damos la oportunidad de tomar decisiones financieras informadas y alcanzar la estabilidad económica que deseamos.

En este capítulo, exploraremos la importancia de hacer un presupuesto serio y enfocado en nuestros objetivos. Aprenderemos a identificar los diferentes rubros que debemos considerar al elaborar un presupuesto personal y cómo asignar adecuadamente nuestros ingresos a cada uno de ellos. Además, veremos la importancia de no limitarnos solo a un presupuesto mensual, sino también considerar gastos anuales y eventos especiales a lo largo del año.

Pero hacer un presupuesto no se trata solo de números y cifras. También implica desarrollar una mentalidad financiera responsable y disciplinada. Por eso, dedicaremos un espacio especial para hablar sobre la importancia de respetar lo presupuestado y cómo evitar la tentación de desviarnos de nuestros planes financieros.

Recuerda que hacer un presupuesto no es una tarea abrumadora ni exclusiva para los expertos en finanzas. Es una habilidad que todos podemos aprender y dominar. Independientemente de tus ingresos, estado financiero actual o metas a largo plazo, el presupuesto te brinda la oportunidad de tomar el control de tu dinero y construir un futuro financiero sólido.

Así que, prepárate para adentrarte en el fascinante mundo del presupuesto. Descubrirás que, con un poco de planificación y compromiso, puedes alcanzar tus objetivos financieros y vivir una vida económica próspera y tranquila. ¡Comencemos nuestro viaje hacia una mejor gestión de nuestras finanzas personales!

Identificar nuestros rubros

El primer paso para tener un presupuesto sólido es identificar y categorizar los diferentes rubros que deben tenerse en cuenta. Estos son los principales elementos que influyen en nuestras finanzas y deben ser considerados al hacer un presupuesto personal:

   a. **Ingresos fijos**: Aquí se registran todos los ingresos regulares, incluyendo salarios, ingresos adicionales, alquileres, entre otros.
   b. **Ingresos variables**: Aquí se registran todos los ingresos que no son constantes a lo largo del año, incluyendo horas extras, trabajos extra, entre otros.
   c. **Egresos fijos**: Incluyen el alquiler o hipoteca, servicios públicos, seguros, cuotas de préstamos, entre otros.

d. **Egresos variables**: Aquí entran los alimentos, transporte, entretenimiento, compras impulsivas, préstamos, tarjetas de crédito, entre otros.
e. **Ahorro**: Aunque el ahorro no debería contemplarse como un egreso, recomiendo que se haga de esta manera para que el cerebro se programe y lo vea como un rubro que salió y no está disponible para nada más. A excepción de inversión, jubilación o emergencias.

Estos rubros son solo una guía, y cada persona puede ajustarlos según su situación financiera y metas individuales. A continuación, les dejo un listado de los que para mí son los rubros más importantes:

Ingresos/Entradas	
Salario	Fijos
Salario adicional	Fijos
Salario extralegal	Fijos
Horas extras	Variables
Otros ingresos	Fijos/Variables *

Ilustración 1. Ejemplo para rubros de ingresos

---

* Dependiendo del ingreso se puede saber si son Fijo o Variables, por ejemplo, un ingreso por arrendamiento es de naturaleza fijo pero un ingreso por horas de asesoría puede ser de naturaleza variable.

Egresos/Salidas	
Pensión	Fijos
Salud	Fijos
Ahorro mínimo	Fijos
Ahorro adicional	Variables
Hipoteca	Fijos
Hipoteca adicional	Variables
Póliza salud	Fijos
Póliza vehículo	Fijos
Arriendo	Fijos
Administración	Fijos
Mercado	Fijos
Servicios	Fijos
Comunicaciones	Fijos
Mascotas	Fijos
Transporte	Fijos
Impuesto predial	Fijos
Impuesto vehicular	Fijos
Entretenimiento	Variables
Vacaciones	Variables
Obsequios	Variables
Arreglos carro/moto	Variables
Arreglos casa	Variables
Imprevistos	Variables
Provisión	Variables

Ilustración 2. Ejemplo para rubros de egresos

Es necesario presupuestar todo el año.

El presupuesto no debe limitarse solo a un mes. Es crucial tener una visión a largo plazo y considerar todos los gastos e ingresos durante el año. Algunos aspectos importantes para tener en cuenta son:

   a. **Gastos periódicos**: Matrículas escolares, seguros anuales, renovaciones de membresías, pagos de impuestos, entre otros. Estos gastos pueden ser menos frecuentes, pero tienen un impacto significativo en nuestras finanzas.
   b. **Eventos y celebraciones especiales**: Cumpleaños, aniversarios, vacaciones, regalos. Establecer un fondo especial para estos eventos nos permite planificar y evitar sorpresas financieras de último minuto.

Presupuestar para todo el año nos da una perspectiva más amplia y nos ayuda a distribuir adecuadamente nuestros ingresos y gastos a lo largo del tiempo, evitando problemas financieros innecesarios.

Veamos la siguiente ilustración.

Financiérate

			Ene	Feb	Mar	Abr	May	Jun	Jul	Ago	Sep	Oct	Nov	Dic	Total año
		Saldo mes anterior		430	750	20	30	50	800	190	80	20	20	20	2,410
Ingresos/Entradas															
Salario	Fijos		3,500	3,500	3,500	3,500	3,500	3,500	3,500	3,500	3,500	3,500	3,500	3,500	42,000
Salario adicional	Fijos		1,750	420				1,750						1,750	5,670
Salario extralegal	Fijos							1,750						1,750	3,500
Horas extras	Variables			20		80					50			100	250
Otros ingresos	Variables		100		500		80	50				20		50	800
	Total Ingresos + saldo mes anterior		5,350	4,370	4,750	3,600	3,610	7,100	4,300	3,690	3,630	3,540	3,520	7,170	54,630
Egresos/Salidas	**Tipo**	**Vital**													
Pensión	Fijos	Ahorro	210	157	140	140	140	210	140	140	140	140	140	210	1,907
Salud	Fijos	Gasto	210	157	140	140	140	210	140	140	140	140	140	210	1,907
Ahorro mínimo	Fijos	Ahorro	535	437	432	367	361	709	430	369	362	353	350	715	5,419
Ahorro adicional	Variables	Ahorro	100					1,000						2,547	3,647
Hipoteca	Fijos	Deuda	Sí	1,000	1,000	1,000	1,000	1,000	1,000	1,000	1,000	1,000	1,000	1,000	1,000	12,000
Hipoteca adicional	Variables	Ahorro			100	50		800	450	100	50	20		400	1,970
Póliza Salud	Fijos	Gasto	100	100	100	100	100	100	100	100	100	100	100	100	1,200
Póliza Vehículo	Fijos	Gasto	100	100	100	100	100	100	100	100	100	100	100	100	1,200
Arriendo	Fijos	Gasto	Sí													
Administración	Fijos	Gasto	Sí	80	80	80	80	80	80	80	80	80	80	80	80	960
Mercado	Fijos	Gasto	Sí	500	500	500	500	500	500	500	500	500	500	500	500	6,000
Servicios	Fijos	Gasto	Sí	230	230	230	230	230	230	230	230	230	230	230	230	2,760
Comunicaciones	Fijos	Gasto	Sí	80	80	80	80	80	80	80	80	80	80	80	80	960
Mascotas	Fijos	Gasto	Sí	50	50	50	50	50	50	50	50	50	50	50	50	600
Transporte	Fijos	Gasto		150	150	150	150	150	150	150	150	150	150	150	150	1,800
Impuesto predial	Fijos	Gasto	Sí			500										500
Impuesto vehicular	Fijos	Gasto				500										500
Entretenimiento	Variables	Gasto		500	500	500	500	500	500	500	500	500	500	500	500	6,000
Vacaciones	Variables	Gasto		500												500
Obsequios	Variables	Gasto			50		50		80		50			200	430
Arreglos carro/moto	Variables	Gasto		500					500							1,000
Arreglos casa	Variables	Gasto		40	40	40	40	40	40	40	40	40	40	40	40	480
Imprevistos	Variables	Gasto		10	10	10	10	10	10	10	10	10	10	10	10	120
Provisión	Variables	Gasto		25	30	27	33	30	30	31	21	28	28	30	47	360
		Total Egresos	4,920	3,620	4,729	3,570	3,561	6,299	4,111	3,610	3,610	3,521	3,500	7,170	52,220
		Disponible próximo mes	430	750	20	30	50	800	190	80	20	20	20	0	

Ilustración 3. Presupuesto anual, (cifras en USD)

En la Ilustración 3 se muestra un ejemplo de un presupuesto anual que detalla el comportamiento de diferentes rubros a lo largo del tiempo.

Financiérate

Para facilitar la comprensión de los lectores en diferentes lugares, las cifras de los ejemplos presentados en este libro se expresarán en dólares estadounidenses (USD). Es importante destacar que estos ejemplos son aplicables en cualquier parte del mundo. En la Ilustración 3, se puede observar que hay una persona con un salario de USD 3,500, para efectos prácticos, esta persona se llamará Ana. El salario de Ana se proyectará para todos los meses. Además, en algunos meses, Ana recibe salarios adicionales como primas de servicio, vacaciones, cesantías, entre otros. En ocasiones, también se puede recibir salarios extralegales, los cuales se registrarán en los meses correspondientes.

Los ingresos variables son más difíciles de proyectar, pero a veces es posible simularlos utilizando datos históricos. Sin embargo, si no se conocen con certeza, se pueden dejar en blanco y ajustarlos a medida que se vayan percibiendo en los meses correspondientes.

Los egresos también deben proyectarse a lo largo del año. Se recomienda que las deducciones de nómina, como salud, pensión, retención en la fuente, fondos de empleados, fondo solidario, entre otros, se calculen de acuerdo con los porcentajes correspondientes a la legislación de cada país y así asegurar que los pagos se realicen correctamente. Es importante recordar que cuando se trata de nuestro dinero, cada detalle cuenta.

El ahorro es el rubro principal y debe protegerse con determinación. No se debe utilizar para gastos innecesarios, más adelante se abordará en detalle este tema. Idealmente, se debería ahorrar un porcentaje significativo de los ingresos, pero es necesario encontrar un equilibrio entre el ahorro y los demás gastos, como dice el conocido refrán: "Ni tanto que queme al santo, ni tan poco que no lo alumbre". ¡Mas adelante veremos cuánto debe ser el ahorro!

Se recomienda crear una categoría separada para el ahorro adicional, que se destinará únicamente en los meses en que sea posible, es decir, cuando se tenga un excedente de dinero disponible. El ahorro mínimo preferiblemente debe mantenerse en otro rubro para respetar siempre la regla de tener un ahorro mínimo. La hipoteca es otro rubro importante que merece un capítulo aparte para su detalle, el cual se abordará más adelante. Por el momento, es importante que el presupuesto asignado a la hipoteca se mantenga separado de los aportes adicionales que se planeen realizar al capital de esta. A este rubro se le podría llamar "la mina de oro".

Si bien no es obligatorio tener pólizas, el día que se necesiten, desearíamos haberlas tenido. Los gastos médicos derivados de una enfermedad grave o demandas por accidentes automovilísticos podrían dejarnos sin un solo centavo y con una deuda difícil de pagar. Desde esa perspectiva, es mejor prevenir que lamentar.

Los rubros de arriendo, administración, mercado, servicios, comunicaciones, mascotas y transporte son gastos comunes para cualquier familia y se pueden proyectar a lo largo del año, ya que suelen ser fijos. En este ejercicio, se dejó el gasto de arriendo en USD 0 porque Ana ya está pagando una hipoteca, pero se menciona para que no se olvide de considerarlo.

Los impuestos son gastos que generalmente se realizan una vez al año, y es recomendable incluirlos en el presupuesto. Si no se tienen en cuenta, es posible llevarnos una sorpresa el mes en que debamos pagarlos, lo cual puede desequilibrar nuestras finanzas y llevarnos a endeudarnos. Se sugiere pagar los impuestos anualmente, ya que, si se aplazan pagándolos mensual o trimestralmente, terminaremos pagando más. Aquí es donde cobra sentido hacer un presupuesto anual, ya que nos estaremos preparando para esos pagos atípicos y elevados.

El dinero destinado al entretenimiento también es importante, ya que no tendría sentido cuidar nuestras finanzas si no tuviéramos la oportunidad de disfrutar con amigos, comprar algún capricho o tener una cena en un buen restaurante. Sin embargo, es necesario ser prudentes para no excederse en este rubro, ya que es común gastar más de lo presupuestado en entretenimiento.

En caso de exceder el presupuesto asignado a algún rubro, es decir, gastar más de lo previsto en algún mes, se deberá realizar un ajuste en ese rubro en los meses siguientes. Cada rubro debe ser autosuficiente y no puede afectar a los demás. Es importante proyectar también los gastos de vacaciones, ya que generalmente son gastos imprevistos y se tiende a gastar más dinero del previsto. En mi experiencia personal, suelo excederme en este rubro.

Los obsequios son gastos que nos toman por sorpresa, y cuando esto ocurre, generalmente nos vemos obligados a endeudarnos o a sacrificar otros gustos. Por eso, es recomendable hacer un listado detallado de los obsequios que se darán a lo largo del año. Algunos ejemplos de ocasiones para regalos podrían ser: cumpleaños propio, cumpleaños de la pareja, cumpleaños de familiares y amigos, festividades (san Valentín, día de la mujer, día del hombre, día de las madres, día de los padres, día de amor y amistad, navidad, pascuas, entre otros.) Aunque la lista pueda parecer extensa, al llevar un presupuesto anual nos damos cuenta de cuánto dinero destinamos a este propósito.

Los gastos de reparaciones y mantenimiento de activos como la casa, la moto o el carro no ocurren con frecuencia a lo largo del año, pero seguro que llegarán en algún momento, y cuando lo hagan, será necesario contar con el dinero para afrontarlos. Por lo tanto, es recomendable presupuestar estos gastos y apartar dinero para ellos, como si fuera una reserva, ya que seguramente serán necesarios. Algunos ejemplos de estos gastos podrían ser: reparar un neumático pinchado del vehículo, solucionar una tubería dañada en la cocina, reparar una grieta en una pared, pintar la casa, cambiar el aceite del carro, comprar repuestos, etcétera.

Los imprevistos también deben ser considerados y es recomendable destinar una cantidad para ellos. En cualquier momento puede ocurrir algo que no esperábamos y para lo cual no teníamos presupuesto.

La provisión es un rubro similar al ahorro, aunque no es lo mismo. Son rubros gemelos, pero con algunas diferencias. La provisión puede destinarse a cualquier gasto o necesidad, como comprar una cama nueva, una nevera, remodelar la cocina, adquirir decoración para la casa, polarizar los vidrios del carro, personalizar la moto, entre otros.

Al finalizar el ejercicio, al restar los egresos de los ingresos, queda un saldo llamado "Disponible próximo mes". Este dinero se refleja en la parte superior del mes siguiente y se considera como parte de los ingresos para ese nuevo mes. Es fundamental respetar este saldo disponible, al igual que el presupuesto asignado para cada mes.

¡Ojo, si el disponible para el próximo mes arroja un valor negativo, quiere decir que se está gastando más de lo que se gana y habrá que hacer un análisis mesurado para controlar el exceso del gasto!

Respetar lo presupuestado

Una vez que hemos establecido nuestro presupuesto, es fundamental respetarlo en la medida de lo posible. Aquí están algunas razones por las que debemos ser disciplinados:

   a. **Control financiero**: Respetar el presupuesto nos ayuda a tener un control claro sobre nuestras finanzas y evita que nos dejemos llevar por gastos impulsivos o innecesarios. Al mantenernos dentro de los límites establecidos, podemos evitar el endeudamiento excesivo y el estrés financiero.
   b. **Logro de metas financieras**: Si tenemos objetivos específicos, como ahorrar para invertir o pagar una deuda, respetar el presupuesto nos acerca más a alcanzar esas metas. Cada vez que nos desviamos del presupuesto, estamos alejándonos de nuestras metas y retrasando nuestro progreso financiero.
   c. **Paz mental**: Al respetar nuestro presupuesto, evitamos la preocupación constante por nuestras finanzas y nos brinda una sensación de seguridad y tranquilidad. Saber que estamos administrando nuestro dinero de manera responsable nos permite

enfocarnos en otras áreas de nuestra vida sin preocupaciones financieras constantes.

Recuerda que el presupuesto no es una restricción, sino una herramienta poderosa que nos acerca a la libertad financiera y nos ayuda a tomar decisiones alineadas con nuestros valores y metas. Al respetar lo presupuestado, estamos demostrando un compromiso con nuestra estabilidad financiera y construyendo una base sólida para un futuro próspero. Si surgen imprevistos, ¡y los va a haber!, se pueden reacomodar los rubros.

Cada rubro debe ser independiente y autosuficiente. Por ejemplo, si en un mes se gasta menos de lo presupuestado en mercado, el excedente debe sumarse al presupuesto de mercado del mes siguiente, de modo que se esté preparado para un mes en el que los gastos en alimentos puedan ser mayores. De nuevo, el presupuesto no es una restricción, es una herramienta que nos permite tomar decisiones informadas. En caso de que surjan imprevistos, se pueden realizar ajustes en los rubros correspondientes para adaptarse a la nueva situación. La flexibilidad del presupuesto nos brinda la posibilidad de reorganizar los recursos de acuerdo con nuestras necesidades cambiantes.

Clasificación de los egresos

Además de la distinción entre gastos fijos y variables, los egresos pueden clasificarse en otras categorías para facilitar la medición y el análisis de nuestro presupuesto. Una de estas categorías es el "Tipo", que nos permite diferenciar los egresos en Ahorro, Deuda y Gasto. La relevancia de esta clasificación se hará evidente más adelante, pero por ahora examinemos las razones detrás de esta categorización de los egresos en el ejercicio de la ilustración 3.

Financiérate

Egresos/Salidas		Tipo
Pensión	Fijos	Ahorro
Salud	Fijos	Gasto
Ahorro mínimo	Fijos	Ahorro
Ahorro adicional	Variables	Ahorro
Hipoteca	Fijos	Deuda
Hipoteca adicional	Variables	Ahorro
Póliza Salud	Fijos	Gasto
Póliza Vehículo	Fijos	Gasto
Arriendo	Fijos	Gasto
Administración	Fijos	Gasto
Mercado	Fijos	Gasto
Servicios	Fijos	Gasto
Comunicaciones	Fijos	Gasto
Mascotas	Fijos	Gasto
Transporte	Fijos	Gasto
Impuesto predial	Fijos	Gasto
Impuesto vehicular	Fijos	Gasto
Entretenimiento	Variables	Gasto
Vacaciones	Variables	Gasto
Obsequios	Variables	Gasto
Arreglos carro/moto	Variables	Gasto
Arreglos casa	Variables	Gasto
Imprevistos	Variables	Gasto
Provisión	Variables	Gasto

Ilustración 4. Egresos separados por (ahorro, deuda, gasto)

Los rubros destinados a pensiones ya sean obligatorias o voluntarias, son fondos reservados exclusivamente para nuestra vejez, por lo tanto, deben categorizarse como "Ahorro". Los rubros destinados a ahorro mínimo o adicional, como su nombre indica, también se clasifican como "Ahorro". En el caso de los rubros destinados a abonar deudas adicionales, también se categorizarán como "Ahorro", y en el capítulo 8 se proporcionará una explicación detallada de esta clasificación. Los rubros destinados a generar ingresos adicionales, como los fondos para estudios, también se considerarán "Ahorro". Por otro lado, los rubros destinados al pago de hipotecas, créditos de libre inversión, deudas con familiares o amigos y pago de tarjetas de crédito se clasificarán como "Deuda". Todos los demás rubros se categorizarán como "Gasto".

Una vez que hayamos separado los egresos en estas tres categorías, podremos realizar una sumatoria por categorías para evaluar las cantidades presupuestadas. En la ilustración 5 se puede ver de manera gráfica la distribución.

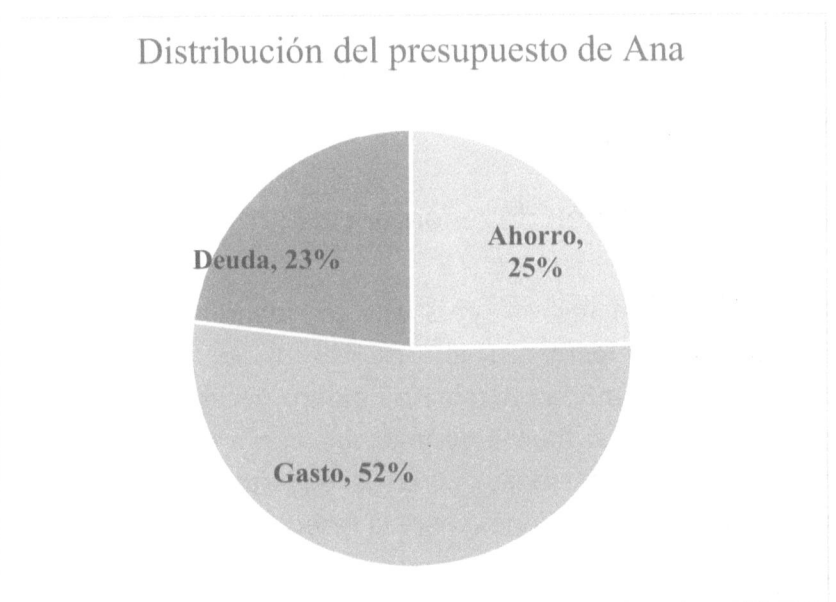

Ilustración 5. Distribución del presupuesto de Ana

Tras leer las obras de varios autores y aplicar este enfoque presupuestario, he llegado a las siguientes conclusiones y reglas fundamentales para la elaboración de un presupuesto personal:

    a. El porcentaje destinado al ahorro no deberá ser inferior al **10 %**, y de ser posible, se recomienda que sea superior. El ahorro es una prioridad esencial para garantizar la seguridad financiera a largo plazo.

    b. El endeudamiento no deberá superar el **30 %** de nuestros ingresos. Mantener un nivel de deuda controlado es fundamental para evitar desequilibrios financieros y dificultades en el futuro.

Estas reglas de oro establecen pautas claras para establecer un presupuesto personal equilibrado y sostenible, permitiendo un adecuado manejo de los ingresos y garantizando la estabilidad financiera a largo plazo.

¿Qué es el colchón de emergencia?

Es fundamental en el presupuesto identificar los gastos esenciales que permiten el sustento diario, con el fin de determinar la cantidad mínima de dinero necesaria en caso de perder la principal fuente de ingresos, como el salario para la mayoría de las personas. Diversos expertos financieros han brindado recomendaciones sobre la reserva de emergencia.

Dave Ramsey, en su libro "The Total Money Makeover", sugiere mantener un colchón de emergencias que cubra de 3 a 6 meses de gastos básicos. Suze Orman, en su obra "Women & Money", propone que la reserva de emergencia sea capaz de cubrir de 8 a 12 meses de gastos esenciales. Robert T. Kiyosaki también recomienda tener un colchón de emergencias de al menos 6 meses de gastos básicos. Por su parte, Jean Chatzky sugiere que el colchón de emergencias debería ser capaz de cubrir de 3 a 9 meses de gastos básicos.

En mi opinión, considero que tener un colchón de emergencias de 3 a 6 meses es un tiempo óptimo, ya que contar con menos tiempo sería demasiado arriesgado, y disponer de ahorros superiores a 6 meses podría representar una cantidad excesiva de dinero en fondos de inversión líquidos, más adelante detallaremos estos fondos.

Es importante identificar los gastos vitales y calcular cuál sería su costo mensual. Continuando con el ejercicio del presupuesto de Ana, los gastos vitales identificados ascienden a USD 23,780 al año (ver la Ilustración 6), lo que dividido entre 12 resulta en USD 1,982 mensuales. Por lo tanto, se recomienda contar con una reserva de al menos USD 5,945 (USD 1,982 mensuales x 3 meses), y preferiblemente USD 11,890 (USD 1,982 mensuales x 6 meses), para hacer frente a cualquier emergencia, como la pérdida del empleo, incapacidad u otras situaciones inesperadas que impidan recibir ingresos a corto plazo.

Es importante tener en cuenta que cada persona tiene sus propias prioridades y los gastos vitales identificados pueden variar. Este ejercicio es solo un ejemplo ilustrativo.

Egresos/Salidas	Tipo	Vital	Ene	Feb	Mar	Abr	May	Jun	Jul	Ago	Sep	Oct	Nov	Dic	Total año
Hipoteca	Fijos	Deuda Si	1,000	1,000	1,000	1,000	1,000	1,000	1,000	1,000	1,000	1,000	1,000	1,000	12,000
Arriendo	Fijos	Gasto Si													
Administración	Fijos	Gasto Si	80	80	80	80	80	80	80	80	80	80	80	80	960
Mercado	Fijos	Gasto Si	500	500	500	500	500	500	500	500	500	500	500	500	6,000
Servicios	Fijos	Gasto Si	230	230	230	230	230	230	230	230	230	230	230	230	2,760
Comunicaciones	Fijos	Gasto Si	80	80	80	80	80	80	80	80	80	80	80	80	960
Mascotas	Fijos	Gasto Si	50	50	50	50	50	50	50	50	50	50	50	50	600
Impuesto predial	Fijos	Gasto Si			500										500
Total Egresos			1,940	1,940	2,440	1,940	1,940	1,940	1,940	1,940	1,940	1,940	1,940	1,940	23,780

Ilustración 6. Colchón de emergencia

¿Qué hacer con el colchón de emergencia?

Este dinero debe estar disponible en todo momento para cubrir gastos vitales en caso de pasar por alguna novedad. Aquí están las recomendaciones más importantes para construir y mantener un fondo de emergencia:

a. **Crea una cuenta separada**: Abre una cuenta bancaria separada para tu fondo de emergencia. Mantenerlo aparte de tus cuentas regulares te ayudará a evitar gastarlo innecesariamente y te permitirá monitorear y hacer crecer tus ahorros de manera más efectiva.
b. **Opta por la liquidez**: Dado que necesitas tener acceso inmediato a tu dinero en caso de emergencia, elige instrumentos de ahorro líquidos y de bajo riesgo. Una cuenta de ahorros tradicional o una cuenta de mercado monetario son opciones populares. Evita inversiones de largo plazo o activos con penalizaciones de retiro temprano.
c. **Mantén el enfoque**: Una vez que hayas alcanzado tu meta de ahorro de emergencia, evita utilizar esos fondos para gastos no esenciales. Mantén el enfoque en el propósito principal de este dinero y resiste la tentación de utilizarlo para otros fines. Continúa contribuyendo regularmente para reponerlo en caso de utilizarlo.

Recuerda que cada persona tiene circunstancias financieras únicas, por lo que es importante adaptar estas recomendaciones a tu situación personal. Consultar con un asesor financiero puede proporcionarte una perspectiva más específica y adaptada a tus necesidades individuales.

Capítulo 3

El rubro principal, "El ahorro"

Bienvenidos, queridos lectores, al capítulo que para mí es el más importante, aquí se crean las bases para iniciar una vida financiera sólida. Aquí nos adentraremos en el fascinante mundo del ahorro, una práctica esencial para aquellos que desean alcanzar la prosperidad económica y asegurar su futuro financiero.

En este capítulo, titulado **El rubro principal, "El ahorro"**, exploraremos en detalle la importancia de ahorrar de manera inteligente y estratégica. A lo largo de cuatro sesiones claves, descubriremos las respuestas a preguntas fundamentales sobre el ahorro y desmitificaremos conceptos erróneos que suelen confundirnos.

Sin más preámbulos, los invito a sumergirse en este fascinante viaje hacia la prosperidad financiera. Estoy seguro de que, al finalizar este capítulo, habrán adquirido una perspectiva clara y valiosa sobre el ahorro y estarán equipados con las herramientas necesarias para tomar decisiones financieras inteligentes.

¡Adelante!, empecemos nuestro recorrido por el mundo del ahorro y descubramos como puede transformar nuestras vidas.

¿Cuánto debe ser?

Como lo vimos en el capítulo anterior, este no debe ser inferior al **10 %** de tus ingresos. Esta cifra puede variar según las circunstancias personales y objetivos financieros, pero es un buen punto de partida para aquellos que buscan establecer una base sólida de ahorro.

El **10 %** puede parecer un desafío al principio, pero es sorprendente cómo pequeños sacrificios y una gestión inteligente pueden permitirnos alcanzar esta meta. El ahorro es una disciplina que requiere compromiso y perseverancia, pero los frutos que cosecharemos a largo plazo valdrán cada esfuerzo invertido.

¿En qué momento se debe ahorrar?

Una vez establecida la importancia del ahorro, es fundamental comprender cuándo debemos destinar parte de nuestros ingresos a esta práctica. La respuesta es simple: el ahorro debe ser la prioridad número uno antes de realizar cualquier gasto.

A menudo, caemos en la tentación de gastar nuestro dinero en compras impulsivas o en satisfacer deseos inmediatos. Sin embargo, si adoptamos el hábito de ahorrar primero, estaremos construyendo una base sólida para nuestra seguridad financiera y nuestra capacidad para alcanzar metas a largo plazo.

No importa cuánto ganemos, siempre habrá tentaciones y gastos inesperados, pero si nos aseguramos de ahorrar antes de gastar, estaremos protegiendo nuestro futuro financiero y creando una mentalidad responsable hacia el dinero.

A continuación, les voy a contar una historia-metafórica que utilizo desde hace tiempo para hacer más divertido el tema del ahorro.

> *Yo personifico el ahorro como pequeños soldaditos que están dispuestos a luchar por mí. Los veo como una*

fuerza expectante, esperando mi orden para actuar y conquistar más recursos financieros. Siento la responsabilidad de protegerlos de aquellos que intentan arrebatármelos. Me considero un estratega militar, constantemente pensando en cómo utilizar mis ahorros y hacia dónde enviarlos a luchar para que regresen con un gran botín de guerra. Pero también debo tomar decisiones sabias, evitando enviarlos a lugares donde puedan resultar mal heridos o no regresar.

Me encanta agrandar mi ejército de ahorros siempre que tengo la oportunidad, reclutando nuevos soldados dispuestos a luchar por mí. Puede sonar ridículo, pero esa es la forma en que visualizo el ahorro en mi mente desde que tenía siete años.

Cuando leí el libro "El hombre más rico de Babilonia" de George S. Clason, quedé marcado por una frase que dice algo así: "el ahorro es el salario que te pagas". Esta frase me hizo reflexionar y la adopté como un mantra financiero en mi vida. Me recuerda que, como el que trabaja arduamente, debo pagarme a mí mismo primero. Transmito este mensaje a mis pequeños soldados mentales, diciéndoles que todo lo que logren es para ellos, y les pido que compartan esta mentalidad con los nuevos reclutas y así sucesivamente.

No confundir ahorro con el ahorro programado.

Es crucial no confundir el concepto de ahorro con el ahorro programado. A menudo, escuchamos la palabra "ahorro" utilizada para referirse a cualquier cantidad de dinero que se aparta de nuestros ingresos, pero en realidad, existen dos enfoques distintos: el ahorro para la inversión y el ahorro programado.

El ahorro para la inversión se refiere a la acumulación de capital con el propósito de generar más riqueza a través de inversiones inteligentes. Este tipo de ahorro nos permite aprovechar oportunidades de crecimiento y nos brinda seguridad financiera a largo plazo. Es una herramienta poderosa para alcanzar nuestros sueños y metas financieras.

Por otro lado, el ahorro programado (rubro: "provisión" en el presupuesto de Ana) se utiliza para cubrir gastos específicos que no agregan valor financiero, como gastos relacionados con el hogar, decoración, viajes y otros placeres personales. Este tipo de ahorro nos permite disfrutar de la vida y realizar gastos planificados sin poner en riesgo nuestra estabilidad financiera.

Es importante reconocer la diferencia entre ambos enfoques y asignar los recursos adecuados a cada uno de ellos. El ahorro para la inversión es una inversión en nuestro futuro, mientras que el ahorro programado es una provisión.

Distribución correcta de los gastos.

A la hora de elaborar el presupuesto, es común que nos hagamos la siguiente pregunta: ¿Está correctamente distribuido mi presupuesto? Es comprensible que al principio sintamos inseguridad, pero con el tiempo esta sensación irá disminuyendo y ganaremos mayor confianza en nuestra estrategia financiera. En este sentido, me gustaría compartir una distribución que puede resultar útil para asignar nuestros gastos mensuales de manera efectiva.

En un taller impartido por Juan Pablo Zuluaga y Carolina Pineda, cofundadores de "Mis propias finanzas", tuvimos la oportunidad de contar con la presencia de un invitado especial, Pablo Sánchez Serrano. Durante la sesión, Pablo presentó el siguiente cuadro que puede servir como guía:

10%	5 – 10%	50 – 60%	20 – 30%
Para Inversión	Para el colchón de emergencia (3 a 6 meses)	Para gastos fijos y variables	Para gastos sin culpa. Gasto libre. Gastar en lo que te guste.

Ilustración 7. Distribución de los gastos, Pablo Sánchez

a. **Inversión (10 %):** Este porcentaje se destinará a todo aquello que nos genere rentabilidad, como fondos de inversión, bonos, depósitos a término, acciones, ETFS, criptomonedas, bienes raíces, empresas, entre otros. Es importante recordar que esto se alinea con la recomendación que se dio en el anterior capítulo con relación al porcentaje que se debe destinar para el ahorro.

b. **Fondo de emergencia (5 – 10 %):** Este rubro resulta muy interesante, ya que indirectamente se nos está instando a ser más diligentes con el ahorro y destinar un porcentaje entre el 5 % y el 10 % para crear el fondo de emergencia. Además, algo destacable que mencionó Sánchez es que una vez se haya alcanzado la cantidad deseada en este fondo, podremos destinar este porcentaje para fortalecer nuestras inversiones.

c. **Gastos fijos y variables (50 – 60 %)**: Aquí se incluyen la mayoría de los gastos mensuales, tanto los fijos como los variables. Son esos gastos que si o si se deben realizar.
d. **Gastos sin culpa, gasto libre (20 – 30%)**: Para disfruta gastando en lo que te gusta. En esta categoría se destinarán los rubros en los que tenemos total libertad para seleccionar y disponer.

Para hacer el ejercicio más claro, lo aplicaremos al presupuesto de Ana. Los rubros de pensión, ahorro mínimo e hipoteca adicional se asignaron a la categoría "Inversión". El rubro de ahorro adicional se asignó a la categoría "Colchón". Los rubros de salud, hipoteca, póliza de salud, póliza de vehículo, arriendo, administración, mercado, servicios, comunicaciones, mascotas, transporte, impuesto predial e impuesto vehicular se asignaron a la categoría "Gasto". Por otro lado, los rubros de imprevistos, entretenimiento, vacaciones, obsequios, arreglos de carro/moto, arreglos de casa y provisión se asignaron a la categoría "Gasto libre". De esta manera, así quedaría el presupuesto de Ana, según la categorización de Pablo Sánchez representado en un diagrama.

Financiérate

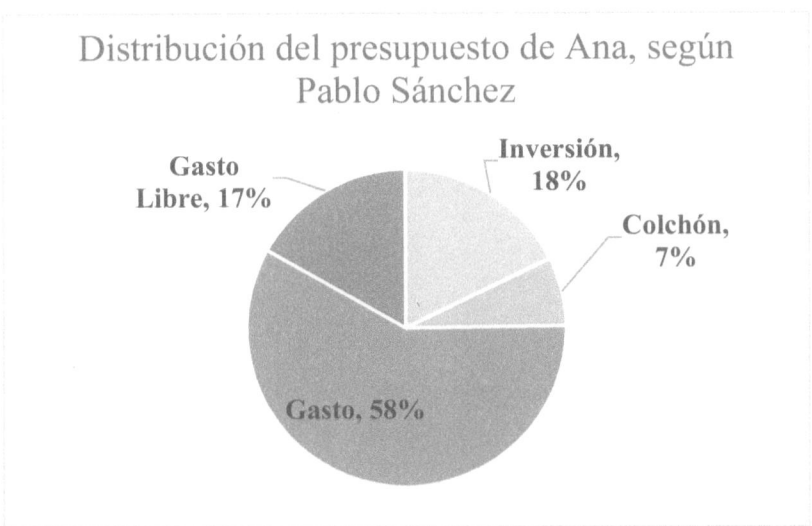

Ilustración 8. Distribución del presupuesto de Ana, Pablo Sánchez

Como conclusión del ejercicio, al observar la ilustración 8, se puede apreciar que Ana cuenta con un presupuesto muy saludable. Incluso está ahorrando un poco más y está realizando ciertos sacrificios en los gastos libres para poder pagar su hipoteca de manera más rápida.

Capítulo 4

La deuda, espada de doble filo

En este capítulo, exploraremos uno de los temas más espinosos pero inevitables en el mundo financiero: la deuda. La deuda puede ser tanto una herramienta poderosa como una trampa peligrosa, dependiendo de cómo se maneje. En este viaje por el terreno de la inteligencia financiera, aprenderemos a distinguir entre la deuda buena y la deuda mala, y cómo aprovecharla de manera estratégica para construir un futuro financiero sólido.

La deuda mala, un obstáculo para el crecimiento

La deuda mala es como una sombra que se cierne sobre nuestras finanzas personales, dificultando nuestro crecimiento y estabilidad económica a largo plazo. En esta sección, exploraremos en detalle las características y consecuencias de la deuda mala, así como las estrategias para liberarnos de ella.

¿Qué es la deuda mala y cómo se diferencia de la deuda buena?

La deuda mala, se refiere a préstamos o compromisos financieros que nos generan más problemas que beneficios. Por lo general, se caracteriza por altas tasas de interés, pagos mensuales difíciles de manejar y un propósito de consumo o gasto no productivo. La deuda mala a menudo se acumula como resultado de decisiones financieras imprudentes, como la compra excesiva con tarjetas de crédito, préstamos de consumo de alto interés o préstamos para financiar bienes devaluables.

En contraste, la deuda buena se utiliza para adquirir activos que generan ingresos o aumentan nuestro patrimonio neto, como un préstamo hipotecario para comprar una propiedad de inversión o un préstamo para financiar una educación que aumentará nuestra capacidad de ingresos futuros. La deuda buena generalmente tiene tasas de interés más bajas y puede brindar beneficios a largo plazo.

¿Cuáles son los signos reveladores de que estamos enredados en una deuda mala?

Existen indicadores claros de que estamos atrapados en una deuda mala. Algunos signos reveladores incluyen:

a. Luchas constantes para realizar los pagos mínimos de la deuda.
b. Dependencia de préstamos de alto interés para cubrir los pagos de otros préstamos.
c. Incremento constante del saldo de las tarjetas de crédito sin una clara estrategia de pago.
d. Estar al límite o cerca del límite de crédito en múltiples cuentas.
e. Sacrificar necesidades básicas o metas financieras a largo plazo para cumplir con los pagos de la deuda.

Reconocer estos signos nos permitirá evaluar nuestra situación financiera y tomar medidas para superar la deuda mala.

¿Cuáles son las consecuencias a largo plazo de mantener deudas malas?

Mantener deudas malas puede tener consecuencias graves y duraderas en nuestras finanzas personales. Algunos efectos negativos incluyen:

a. **Pago excesivo de intereses**: Las altas tasas de interés de la deuda mala pueden resultar en pagos mensuales significativos y una carga financiera constante.
b. **Restricción de opciones**: La deuda mala puede limitar nuestras opciones futuras, ya que compromete una parte significativa de nuestros ingresos y dificulta la capacidad de invertir o ahorrar para metas importantes.
c. **Estrés y preocupación**: La carga de la deuda mala puede generar un estrés constante y afectar nuestra salud mental y bienestar general.
d. **Daño crediticio**: Los pagos atrasados o incumplimientos en la deuda mala pueden dañar nuestra puntuación crediticia, lo que dificulta la obtención de préstamos favorables en el futuro.

¿Cómo podemos liberarnos de la deuda mala y evitar caer nuevamente en ella?

Afortunadamente, hay estrategias efectivas para liberarnos de la deuda mala y evitar caer en su trampa en el futuro:

a. **Evalúa tu situación financiera**: Comienza por realizar un análisis exhaustivo de tus deudas, identificando aquellas con tasas de interés más altas y pagos mensuales más difíciles de manejar. Prioriza el pago de estas deudas y considera opciones como la consolidación de deudas o la renegociación de tasas de interés con los prestamistas.
b. **Crea un presupuesto sólido**: Desarrolla un presupuesto realista que incluya un plan de pago de

deudas. Asigna una cantidad específica de dinero cada mes para abordar la deuda, priorizando las deudas con tasas de interés más altas. Reducir los gastos no esenciales también puede liberar fondos adicionales para pagar la deuda más rápidamente.

c. **Negocia con los prestamistas**: Si te encuentras en dificultades financieras, no dudes en comunicarte con tus prestamistas y buscar opciones de renegociación. Algunos prestamistas pueden estar dispuestos a reducir las tasas de interés, modificar los términos del préstamo o establecer un plan de pago más accesible.

d. **Cambia tus hábitos de consumo**: Aborda las causas fundamentales de tu deuda mala examinando tus patrones de gasto. Adopta hábitos financieros saludables, como evitar compras impulsivas y vivir dentro de tus posibilidades.

e. **Busca educación financiera**: Aumenta tu conocimiento sobre finanzas personales y adquiere habilidades para tomar decisiones financieras inteligentes. Existen recursos en línea, libros y cursos que pueden ayudarte a comprender mejor cómo administrar tus finanzas y evitar caer en la trampa de la deuda mala en el futuro.

Recuerda, liberarse de la deuda mala puede llevar tiempo y disciplina, pero con un enfoque estratégico y un compromiso constante, es posible recuperar el control financiero y construir un futuro libre de deudas insostenibles.

La deuda buena, potenciando nuestro crecimiento financiero

En esta sección, exploraremos cómo la deuda puede convertirse en una herramienta estratégica para impulsar nuestro crecimiento financiero y alcanzar nuestras metas a largo plazo. Aprenderemos a distinguir la deuda buena y cómo utilizarla de manera inteligente para generar ingresos y aumentar nuestro patrimonio neto.

¿Qué es la deuda buena y cómo se diferencia de la deuda mala?

La deuda buena se refiere a préstamos o compromisos financieros que utilizamos para adquirir activos o inversiones que pueden generar ingresos o aumentar nuestro patrimonio neto a largo plazo. A diferencia de la deuda mala, la deuda buena tiene las siguientes características:

   a. **Propósito productivo:** La deuda buena se utiliza para financiar activos que tienen el potencial de generar ingresos, como bienes raíces, negocios, educación o inversiones.
   b. **Bajas tasas de interés**: La deuda buena generalmente viene con tasas de interés más bajas que la deuda mala, lo que reduce los costos de financiamiento y facilita el pago de los préstamos.
   c. **Retorno de inversión positivo**: Los activos adquiridos mediante la deuda buena tienen el potencial de generar ingresos o apreciación en valor a largo plazo, superando los costos asociados con la deuda.

¿Cuáles son los tipos de deuda buena que podemos aprovechar en nuestras vidas?

Existen varios tipos de deuda buena que podemos utilizar de manera estratégica para impulsar nuestro crecimiento financiero:

a. **Préstamos hipotecarios**: Obtener una hipoteca para adquirir una propiedad puede ser una forma inteligente de construir patrimonio, ya que los bienes raíces tienden a apreciarse con el tiempo.

b. **Préstamos estudiantiles**: Invertir en una educación de calidad puede aumentar nuestras habilidades y perspectivas de ingresos a largo plazo, lo que convierte a los préstamos estudiantiles en una inversión en nuestro potencial futuro.

c. **Préstamos para negocios**: Si queremos emprender un negocio propio, los préstamos comerciales pueden proporcionarnos los fondos necesarios para iniciar o expandir nuestras operaciones, generando ingresos y crecimiento.

d. **Financiamiento de inversiones**: Utilizar préstamos o margen de inversión para adquirir acciones, bonos u otras inversiones puede permitirnos aprovechar oportunidades de crecimiento y obtener mayores rendimientos. Aunque esta ultima tiene mucho potencial, es muy importante saber hacerlo bien. en inversión se conoce como apalancamiento.

¿Cómo podemos utilizar la deuda como una herramienta para generar ingresos y riqueza?

La deuda puede ser una herramienta poderosa para generar ingresos y aumentar nuestra riqueza, siempre y cuando se utilice de manera estratégica:

   a. **Apalancamiento financiero**: Al utilizar la deuda para financiar inversiones, podemos amplificar nuestros rendimientos. Por ejemplo, si compramos una propiedad con una hipoteca y su valor aumenta, el crecimiento se aplica al valor total de la propiedad, no al valor del préstamo.
   b. **Generación de flujo de efectivo**: Al invertir en activos que generan ingresos, como bienes raíces de alquiler o negocios, podemos utilizar los ingresos generados para pagar los costos de la deuda y obtener beneficios adicionales.
   c. **Aprovechar oportunidades de inversión**: La deuda puede permitirnos aprovechar oportunidades de inversión que de otra manera no serían posibles. Al acceder a financiamiento, podemos participar en proyectos lucrativos o adquirir activos con un potencial significativo de crecimiento.

¿Cómo gestionar la deuda buena de manera responsable?

Si bien la deuda buena tiene el potencial de generar ingresos y aumentar nuestra riqueza, es importante gestionarla de manera responsable:

   a. **Planificación y evaluación**: Antes de asumir cualquier deuda, es fundamental realizar una planificación financiera exhaustiva y evaluar cuidadosamente los riesgos y beneficios. Considera factores como la capacidad de pago, el retorno de la inversión y las condiciones del mercado.

b. **Control de riesgos**: Asegúrate de diversificar tus inversiones y no depender únicamente de un solo activo financiado por deuda. Esto reducirá los riesgos y protegerá tu patrimonio en caso de cambios económicos o de mercado.

c. **Pagos puntuales**: Cumple con tus obligaciones de pago de manera puntual y completa. Esto mantendrá tu historial crediticio en buen estado y te dará acceso a préstamos futuros en condiciones favorables.

d. **Utilización responsable del endeudamiento**: Evita caer en la trampa de la deuda mala al ser selectivo en los préstamos que adquieres. Asegúrate de que cualquier deuda que asumas tenga un propósito productivo y esté respaldada por un plan sólido.

La deuda buena puede ser una herramienta valiosa en nuestra búsqueda de independencia financiera y crecimiento. Al comprender sus características y utilizarla de manera inteligente, podemos aprovechar su potencial para construir un futuro financiero sólido. Sin embargo, es fundamental mantener un equilibrio y gestionarla con responsabilidad para evitar caer en la trampa de la deuda insostenible.

Estrategia de bola de nieve

La estrategia de la bola de nieve de Dave Ramsey es un enfoque popular y efectivo para eliminar deudas de manera sistemática y motivadora. Esta estrategia se basa en el principio de pagar las deudas en orden ascendente según su saldo, comenzando por las deudas más pequeñas y avanzando hacia las más grandes. Veamos cómo funciona utilizando el siguiente ejercicio.

Ejercicio práctico.

Supongamos que tienes las siguientes deudas:

a. **Tarjeta de crédito A**: USD 2,000 de saldo y un pago mínimo mensual de USD 50.
b. **Préstamo estudiantil**: USD 15,000 de saldo y un pago mensual de USD 300.
c. **Préstamo de automóvil**: USD 7,500 de saldo y un pago mensual de USD 250.

Paso 1: Lista tus deudas en orden ascendente según su saldo.

En este caso, la lista quedaría de la siguiente manera:

a. **Tarjeta de crédito A**: USD 2,000   -> USD 50
b. **Préstamo de automóvil**: USD 7,500   -> USD 250
c. **Préstamo estudiantil**: USD 15,000   -> USD 310

Paso 2: Destina cualquier dinero extra al pago de la deuda más pequeña.

Aquí es donde entra en juego la estrategia de la bola de nieve. Si tienes algún dinero extra, ya sea a través de recortes en tu presupuesto, ingresos adicionales o ahorros, destínalo al pago adicional de la deuda más pequeña. Supongamos que tienes USD **10** extra para destinar al pago de deudas.

En este caso, agregarías esos USD **10** al pago de la tarjeta de crédito A, lo que resultaría en un pago total de USD 60 para esa deuda en particular. Al hacerlo, estarías acelerando su pago y reduciendo el saldo de la deuda más rápidamente. Para mayor claridad ver la ilustración 9.

Deuda	Saldo	Pago mínimo	Nuevo pago
Tarjeta de crédito A	2,000	50	50+(**10**) = 60
Préstamo de automóvil	7,500	250	250+(50+10) = 310
Préstamo estudiantil	15,000	310	310+(250+50+10) = 620

Ilustración 9. Ahorros, estrategia "bola de nieve" (cifras en USD)

Paso 3: Repite el proceso hasta que la deuda más pequeña esté completamente pagada.

Continúa realizando los pagos mínimos en las otras deudas y destinando esos USD 10 extra al pago de la deuda más pequeña hasta que esté complemente pagada.

Paso 4: Enfoca tus esfuerzos en la siguiente deuda más pequeña.

Una vez que hayas pagado por completo la tarjeta de crédito A, toma el pago que estabas haciendo (USD **60** en este ejemplo) y súmalo al pago mínimo de la siguiente deuda.

Con un nuevo pago total de USD 310, en lugar de USD 250, destínalo al préstamo de automóvil. Esto acelerará su pago y te acercará más a la libertad de deudas.

Paso 5: Repite el proceso hasta que todas las deudas estén pagadas.

Continúa repitiendo este proceso de pago acelerado hacia las siguientes deudas más pequeñas. Una vez que hayas pagado el préstamo de automóvil, continua con el del préstamo estudiantil.

Capítulo 5

Control diario de gastos

Ya hablado de la importancia de la educación financiera, la elaboración de un presupuesto y la práctica del ahorro. Ahora, nos adentraremos en un aspecto esencial de la gestión financiera personal y empresarial: llevar un control diario de los gastos. En este capítulo, descubriremos cómo esta simple pero poderosa práctica puede marcar una gran diferencia en nuestra relación con el dinero y, en última instancia, en nuestra capacidad para alcanzar nuestras metas financieras.

El control diario de los gastos:

Ir más allá de un presupuesto y ser consientes y constantes con el control diario de los rubros nos ayudará a:

a. **Comprender el flujo de efectivo**: Al llevar un control diario de los gastos, podemos tener una visión precisa de cómo fluye nuestro dinero, dónde se gasta y en qué proporción.

b. **Identificar fugas financieras**: Registrar cada gasto nos permite identificar aquellos pequeños gastos diarios que, acumulados, pueden tener un impacto significativo en nuestro presupuesto general.

c. **Ajustar el rumbo**: Al tener una imagen clara de nuestros gastos diarios, podemos realizar ajustes y cambios en tiempo real para evitar desviarnos de nuestros objetivos financieros.

d. **Conciencia financiera**: Al conocer nuestros gastos diarios, desarrollamos una mayor conciencia de nuestros hábitos de consumo y cómo afectan nuestra situación financiera general.

e. **Toma de decisiones informada**: El control diario de los gastos nos brinda la información necesaria para tomar decisiones financieras informadas, como priorizar ciertos gastos, reducir otros o buscar formas de ahorrar más.
f. **Mejora continua**: Al monitorear nuestros gastos a diario, podemos identificar áreas de mejora y establecer metas realistas para reducir los gastos superfluos y optimizar nuestra gestión financiera.

Herramientas para llevar un control diario de los gastos:

Existen diversas formas de llevar este control, siendo recomendable elegir aquella que resulte más conveniente para cada individuo. No obstante, lo más importante radica en dedicar al menos 5 minutos al día para registrar los gastos realizados el día anterior. Si se pospone este registro durante más tiempo, se corre el riesgo de olvidar ciertos gastos, lo que dificultará el control adecuado de los distintos rubros.

Es recomendable realizar todas las compras de manera electrónica, de ser posible utilizando tarjeta de crédito, con el propósito de tener un registro completo de todos los gastos y aprovechar los beneficios asociados a su uso. Estos beneficios serán discutidos en capítulos posteriores.

A continuación, se mencionarán los métodos más comunes utilizados para llevar a cabo este control diario de gastos:

a. **Registros manuales**: Esta es la forma tradicional, la vieja escuela, en la cual algunas personas llevan libretas consigo todo el tiempo o registran sus gastos al llegar a casa, utilizando cuadernos de contabilidad especiales o cuadernos normales bien organizados.
b. **Aplicaciones móviles**: En el mercado existen varias aplicaciones especializadas y altamente recomendadas para llevar este registro. Algunas de las más conocidas son Mint, PocketGuard, YNAB, Wally y Expensify. Sin embargo, hago claridad que no las he utilizado y no puedo dar un aporte desde mi experiencia. Sé que están disponibles y pueden ser exploradas por aquellos que estén interesados en utilizar una aplicación para este propósito.
c. **Hojas de cálculo**: -En mi opinión, Excel es la mejor herramienta para llevar un control diario de gastos, es la que siempre he utilizado-. La ventaja de Excel es que se puede empezar de forma sencilla y luego ir evolucionando según las necesidades y preferencias individuales. Es recomendable que cada persona cree su propio archivo de control de gastos para desarrollar un vínculo con su propia creación y adaptarlo a sus necesidades específicas.

Para mostrar cómo se llevaría un control diario de gastos según el presupuesto establecido, vamos a continuar con el ejercicio del presupuesto de Ana.

Recuerda que el método elegido para llevar un control diario de gastos depende de las preferencias individuales y de encontrar una herramienta que funcione mejor para cada persona. Lo

Financiérate

importante es desarrollar el hábito de registrar los gastos diariamente y utilizar una herramienta que resulte cómoda y efectiva.

En los siguientes apartados, se mostrará cómo implementar el control diario de gastos utilizando tanto registros manuales como Excel, para que los lectores puedan elegir el enfoque que mejor se adapte a sus necesidades y comenzar a llevar un seguimiento efectivo de sus gastos. Veamos la ilustración 10.

Fecha Real	Fecha Contable	Rubro	Tipo	Detalle	Detalle2	Valor	Medio Pago	Estado	Fecha Pago
25-abr	1-may	Salario	Ingreso	Nómina		3,500	Efectivo	Pagado	
25-abr	1-may	Pensión	Egreso	Nómina	Deducción	140	Efectivo	Pagado	
25-abr	1-may	Salud	Egreso	Nómina	Deducción	140	Efectivo	Pagado	
25-abr	1-may	Ahorro mímino	Egreso	Fiducuenta	***6562	361	Efectivo	Pagado	
25-abr	1-may	Póliza Salud	Egreso	Nómina	Deducción	100	Efectivo	Pagado	
25-abr	1-may	Póliza Vehículo	Egreso	Nómina	Deducción	100	Efectivo	Pagado	
1-may	1-may	Otros ingresos	Ingreso	Acesoría	Finanzas	60	Efectivo	Pagado	
1-may	1-may	Mercado	Egreso	Éxito		250	TC MasterCard	Debo	15-jun
2-may	2-may	Mercado	Egreso	D1		50	TC MasterCard	Debo	15-jun
3-may	3-may	Transporte	Egreso	Ir al trabajo		6	Efectivo	Pagado	
3-may	3-may	Entretenimiento	Egreso	Almuerzo	Trabajo	22	TC MasterCard	Debo	15-jun
6-may	6-may	Transporte	Egreso	Personales		8	Efectivo	Pagado	
6-may	6-may	Entretenimiento	Egreso	Salida	Amigos	40	TC MasterCard	Debo	15-jun
6-may	6-may	Entretenimiento	Egreso	Salida	Pareja	50	TC MasterCard	Debo	15-jun
7-may	7-may	Mercado	Egreso	Tienda		15	TC MasterCard	Debo	15-jun
10-may	10-may	Transporte	Egreso	Ir al trabajo		6	TC MasterCard	Debo	15-jun
10-may	10-may	Entretenimiento	Egreso	Mecato	Trabajo	5	TC MasterCard	Debo	15-jun
11-may	11-may	Entretenimiento	Egreso	Comida	Calle	15	TC MasterCard	Debo	15-jun
12-may	12-may	Entretenimiento	Egreso	Comida	Domicilio	19	TC MasterCard	Debo	15-jun
13-may	13-may	Transporte	Egreso	Personales		6	Efectivo	Pagado	
13-may	13-may	Entretenimiento	Egreso	Salida	Amigos	30	TC MasterCard	Debo	15-jun
13-may	13-may	Entretenimiento	Egreso	Salida	Pareja	25	TC MasterCard	Debo	15-jun
14-may	14-may	Mercado	Egreso	Tienda		10	TC MasterCard	Debo	15-jun
14-may	14-may	Hipoteca	Egreso	Cuota 10/240		1,000	TC MasterCard	Debo	15-jun
14-may	14-may	Entretenimiento	Egreso	Comida	Domicilio	25	Efectivo	Pagado	
14-may	14-may	Servicios	Egreso	Comida	Domicilio	200	TC MasterCard	Debo	15-jun
14-may	14-may	Mascota	Egreso	Comida	Domicilio	45	Efectivo	Pagado	

Ilustración 10. Control diario de gastos

En la ilustración 10 se presentan dos fechas importantes. La primera corresponde a la "fecha real" en la que el dinero entra o sale, mientras que la "fecha contable" representa la fecha programada en el presupuesto. En la mayoría de los casos, estas dos fechas coinciden, pero ocasionalmente pueden diferir. Un ejemplo común es el pago de la nómina. Supongamos que en una empresa el salario se paga mensualmente el día 30 de cada mes. Esto significa que el dinero que se recibe el día 30 se destinará para gastos desde el día 1 hasta el día 30 del próximo mes. En la ilustración 10 se observa que la nómina se pagó de manera adelantada el 25 de abril. Sin embargo, ese dinero, aunque ingresó en abril, pertenece al presupuesto del mes de mayo.

El campo "rubro" corresponde a las categorías de gastos que se establecieron en el capítulo 2 y deben ser ingresadas tal como se nombraron. El campo "tipo" indica si se trata de un ingreso o un egreso, y esta información puede estar formulada para mayor comodidad.

Los campos "detalle" y "detalle 2" son informativos y cobran sentido cuando se realiza un análisis de gastos para comprender en qué se está gastando el dinero. En ocasiones, puede ser necesario crear un campo adicional llamado "detalle 3" u otros, dependiendo del análisis que se desee realizar. El campo "valor" representa la cantidad de dinero involucrada en la transacción, mientras que el campo "medio de pago" indica si se realizó en efectivo o mediante el uso de una tarjeta de crédito.

El campo "fecha de pago" se utiliza para llevar un control de los pagos realizados con tarjeta de crédito, ya que ese dinero no puede ser gastado y debe reservarse exclusivamente para pagar la deuda.

Financiérate

En la ilustración 10 también se puede apreciar que algunos rubros tienen múltiples transacciones en el mes. Por ejemplo, el rubro "entretenimiento" se mueve con frecuencia. Es importante registrar cada movimiento, ya que tenemos un presupuesto y la suma de todos los gastos no puede exceder lo presupuestado. Este concepto se explorará en detalle en el próximo capítulo.

Capítulo 6

Control del presupuesto

Con el fin de lograr un control adecuado, es necesario dividir cada mes en tres partes: presupuesto, ejecutado y disponible. En la ilustración 3 de este libro, solo se mostró la columna correspondiente al presupuesto. Ahora es cuando las columnas ejecutado y disponible comenzarán a arrojar información importante.

Cada vez que se ingresen movimientos en el control de gastos diarios, será necesario ajustar el valor presupuestado para actualizar la disponibilidad de cada categoría. Pasemos la página, veamos la siguiente ilustración y analicemos el resultado.

Financiérate

		May		
		Presupuesto	Ejecutado	Disponible
Saldo mes anterior		30	30	0
Ingresos/Entradas	Detalle			
Salario	Fijos	3,500	3,500	0
Salario adicional	Fijos	0	0	0
Salario extralegal	Fijos	0	0	0
Horas extras	Variables	0	0	0
Otros ingresos	Variables	80	60	20
Total Ingresos + saldo mes anterior		3,610	3,610	0
Egresos/Salidas	Detalle			
Pensión	Fijos	140	140	0
Salud	Fijos	140	140	0
Ahorro mínino	Fijos	361	361	0
Ahorro adicional	Variables	0	0	0
Hipoteca	Fijos	1,000	1,000	0
Hipoteca adicional	Variables	0	0	0
Póliza Salud	Fijos	100	100	0
Póliza Vehículo	Fijos	100	100	0
Administración	Fijos	80	0	80
Mercado	Fijos	500	325	175
Servicios	Fijos	230	200	30
Comunicaciones	Fijos	80	0	80
Mascotas	Fijos	50	45	5
Transporte	Fijos	150	26	124
Impuesto predial	Fijos	0	0	0
Impuesto vehicular	Fijos	0	0	0
Entretenimiento	Variables	500	231	269
Vacaciones	Variables	0	0	0
Obsequios	Variables	50	0	50
Arreglos carro/mot	Variables	0	0	0
Arreglos casa	Variables	40	0	40
Imprevistos	Variables	10	0	10
Provisión	Variables	30	0	30
Total Egresos		3,561	3,561	0
Disponible próximo mes		50	50	0

Ilustración 11. Presupuesto, ejecutado y disponible

Veamos primero los ingresos. Se puede observar que se recibió un salario de USD 3,500, que era el valor esperado según el presupuesto, entonces, una vez recibido el salario, el disponible para esa categoría será USD 0. Esto significa que, según el presupuesto, no se espera recibir más dinero en esa categoría durante ese mes. En cuanto a la categoría de "Otros ingresos", Ana tiene presupuestado recibir USD 80 durante ese mes y ya ha recibido USD 60, entonces aún se está a la espera de USD 20.

Los egresos se comportan similar, si Ana ha recibido su salario y se han realizado las deducciones legales correspondientes de "Salud" y "Pensión", cada una por USD 140, entonces el disponible para esas categorías será USD 0. Esto indica que durante ese mes no se espera aplicar ningún otro gasto relacionado con esas categorías.

Las categorías de "Ahorro mínimo", "Hipoteca", "Póliza de salud" y "Póliza de vehículo" se ejecutaron según lo presupuestado, por lo tanto, no se esperan más movimientos con relación a esas categorías. En cambio, las categorías de "Administración", "Comunicaciones", "Obsequios", "Arreglos casa", "Imprevistos" y "Provisión" aún no se han ejecutado y, por lo tanto, están disponibles en un 100 %. Las categorías de "Mercado", "Servicios", "Mascota", "Transporte" y "Entretenimiento" están parcialmente ejecutadas y aún tienen disponibilidad de gasto. En caso de que no se ejecute la totalidad de una categoría, es recomendable sumar el valor no ejecutado al presupuesto del próximo mes para prepararse ante posibles gastos adicionales en el futuro. Un presupuesto completo se vería de la siguiente manera:

Financiérate

				Ene	Feb	Mar	Abr	May	Jun	Jul	Ago	Sep	Oct	Nov	Dic
				P E D	P E D	P E D	P E D	P E D	P E D	P E D	P E D	P E D	P E D	P E D	P E D
			Saldo mes anterior												
	Ingresos/Entradas		Detalle												
Salario		Fijos													
Salario adicional		Fijos													
Salario extralegal		Fijos													
Horas extras		Variables													
Otros ingresos		Variables													
	Total Ingresos + saldo mes anterior														
Egresos/Salidas		Tipo	Vital	Detalle											
Egreso 1	Detalle	Ahorro	Si												
Egreso 2	Detalle	Gasto	Si												
Egreso 3	Detalle	Deuda	Si												
Egreso 4	Detalle	Gasto													
Egreso 5	Detalle	Gasto													
Egreso 6	Detalle	Gasto	Si												
Egreso 7	Detalle	Gasto													
			Total Egresos												
		Disponible próximo mes														

P: Presupuestado
E: Ejecutado
D: Disponible

Ilustración 12. Ejemplo de presupuesto completo

Pueden encontrar el archivo de presupuesto en Excel que he utilizado durante muchos años en la siguiente URL. https://empecemosconnuestrasfinanzas.blogspot.com/2023/09/presupuesto.html. Está disponible para su descarga y personalización, de modo que puedan ajustarlo según sus necesidades individuales.

Capítulo 7

El uso de tarjetas de crédito

Las tarjetas de crédito pueden ser herramientas financieras útiles si se utilizan de manera responsable. Aquí hay algunos aspectos a considerar al decidir si es recomendable usar tarjetas de crédito:

Ventajas:

a. **Conveniencia**: Las tarjetas de crédito son ampliamente aceptadas y pueden ser útiles para realizar compras en línea o en establecimientos físicos sin necesidad de llevar efectivo.
b. **Creación de historial crediticio**: Utilizar tarjetas de crédito de manera responsable y realizar los pagos a tiempo puede ayudarte a establecer y mejorar tu historial crediticio, lo cual es importante para solicitar préstamos o hipotecas en el futuro.
c. **Protección del consumidor**: Algunas tarjetas de crédito ofrecen protección adicional contra fraudes y disputas con comerciantes en caso de que surjan problemas con una transacción.

Desventajas:

a. **Endeudamiento**: Si no pagas el saldo total de tu tarjeta de crédito cada mes, acumularás intereses sobre el saldo pendiente. Esto puede llevar a una deuda creciente si no se maneja adecuadamente.
b. **Tarifas y cargos**: Algunas tarjetas de crédito tienen cargos anuales, tasas de interés altas, cargos por pagos atrasados, entre otros. Es importante leer y

comprender los términos y condiciones antes de solicitar una tarjeta.
c. **Gasto impulsivo**: El acceso fácil al crédito puede llevar a un gasto excesivo si no se administra adecuadamente. Es importante tener un presupuesto y disciplina financiera al usar tarjetas de crédito.

Las tarjetas de crédito tienen mala reputación

Uno de los principales mitos en torno a las tarjetas de crédito es que inevitablemente llevan a una montaña de deudas. Sin embargo, esto no es necesariamente cierto. Si se utilizan con responsabilidad, las tarjetas de crédito pueden ser una herramienta útil para administrar los gastos y construir un historial crediticio sólido. Establecer un presupuesto, pagar los saldos completos y utilizar el crédito de manera consciente son prácticas clave para evitar el endeudamiento excesivo.

Otro mito común es que las tarjetas de crédito siempre tienen tasas de interés exorbitantes. Si bien algunas tarjetas pueden tener tasas elevadas, existen opciones con tasas más razonables, especialmente para aquellos con buen historial crediticio. Además, muchas tarjetas ofrecen períodos de gracia sin intereses si se paga el saldo total cada mes. Al comparar y elegir cuidadosamente una tarjeta con condiciones favorables, es posible evitar cargos innecesarios y mantener un buen control financiero.

Financiérate

La preocupación por la seguridad y el robo de identidad a menudo se menciona como una razón para evitar el uso de tarjetas de crédito. Aunque es cierto que existen riesgos, las instituciones financieras han implementado medidas de seguridad avanzadas para proteger a los consumidores. Estas incluyen sistemas de detección de fraude, notificaciones de transacciones sospechosas y protección contra cargos no autorizados. Además, muchas tarjetas de crédito ofrecen seguro contra fraudes, brindando una capa adicional de protección.

Se argumenta que el uso de tarjetas de crédito puede dañar la puntuación crediticia de una persona. Aunque el mal uso o los pagos atrasados pueden afectar negativamente el puntaje, un manejo responsable y puntual puede fortalecerlo. El uso adecuado de las tarjetas de crédito, como pagar el saldo total cada mes y mantener una baja utilización del crédito, demuestra capacidad de pago y responsabilidad financiera, lo que puede mejorar la calificación crediticia a largo plazo.

Se dice que las tarjetas de crédito facilitan el gasto impulsivo y descontrolado. Si bien es cierto que el crédito disponible puede tentar a algunas personas a gastar más de lo que deberían, esto no es exclusivo de las tarjetas de crédito. La responsabilidad financiera y la disciplina son fundamentales al utilizar cualquier forma de pago. Establecer límites de gasto, planificar las compras con anticipación y evitar caer en la trampa de las compras impulsivas son prácticas necesarias para mantener un equilibrio financiero saludable. Al hacer un uso consciente de las tarjetas de crédito y recordar que representan un préstamo que debe ser pagado, se puede evitar el gasto excesivo y disfrutar de los beneficios que ofrecen, como recompensas, protecciones adicionales y conveniencia.

Los beneficios de usar tarjetas de crédito

Una de las mayores ventajas del uso de tarjetas de crédito es su capacidad para ayudar a construir y mejorar el historial crediticio. Utilizar una tarjeta de crédito de manera responsable y realizar pagos a tiempo demuestra capacidad de pago y responsabilidad financiera. Un historial crediticio sólido puede abrir puertas a futuras oportunidades de crédito, como préstamos para automóviles o hipotecas, y obtener tasas de interés más favorables.

En caso de fraude o cargos no autorizados, los titulares de tarjetas de crédito suelen tener derechos legales y protecciones por parte de las instituciones financieras. Además, las tarjetas de crédito a menudo brindan seguro contra fraudes, lo que permite a los consumidores recuperar su dinero en caso de situaciones desafortunadas.

Muchas tarjetas de crédito ofrecen programas de recompensas y lealtad que permiten a los usuarios acumular puntos, millas aéreas o devolución de dinero por sus compras. Estas recompensas pueden traducirse en descuentos, viajes gratuitos o incluso dinero en efectivo. Al utilizar las tarjetas de crédito para las compras diarias y pagar los saldos completos, se pueden maximizar los beneficios y obtener un valor adicional por el gasto habitual.

Las tarjetas de crédito brindan flexibilidad y comodidad en las transacciones financieras. Permiten realizar compras en línea, reservar hoteles y alquilar automóviles sin necesidad de efectivo. Además, las tarjetas de crédito ofrecen líneas de crédito preaprobadas, lo que permite a los usuarios afrontar emergencias o gastos inesperados sin problemas. La posibilidad de pagar los saldos en cuotas mensuales también ayuda a administrar los pagos y mantener un flujo de efectivo más estable.

Al utilizar tarjetas de crédito para comprar bienes duraderos, muchas instituciones financieras ofrecen protección de garantía extendida. Esto significa que, si un producto se daña o falla después del período de garantía estándar, el titular de la tarjeta puede estar cubierto por un período adicional de tiempo. Esta protección adicional puede ahorrar dinero a largo plazo y proporcionar tranquilidad al realizar compras costosas.

Otro beneficio importante de muchas tarjetas de crédito es la inclusión de seguros de viaje y protección de alquiler de automóviles. Estos seguros pueden cubrir gastos médicos, cancelaciones de viajes, pérdida de equipaje y daños a vehículos alquilados. Al utilizar una tarjeta de crédito para reservar vuelos, hoteles y alquileres de automóviles, se puede aprovechar esta protección adicional sin incurrir en costos adicionales de seguros.

Las tarjetas de crédito ofrecen un seguimiento detallado de los gastos a través de estados de cuenta mensuales. Esto facilita el control y la administración del gasto, ya que se puede ver claramente cómo se está utilizando el crédito. Además, muchas tarjetas de crédito proporcionan herramientas en línea y aplicaciones móviles que permiten establecer límites de gasto, recibir notificaciones de transacciones y categorizar los gastos para un mejor análisis financiero. Esta transparencia y control son fundamentales para mantener un presupuesto y lograr metas financieras.

Fechas clave a tener en cuenta

Las fechas de corte y de pago son puntos clave en el ciclo de facturación de una tarjeta de crédito. La fecha de corte es el día en el que finaliza el período de facturación y se generará el resumen de cuenta. La fecha de pago, por otro lado, es la fecha límite para realizar el pago mínimo o total del saldo adeudado. Es esencial conocer estas fechas para poder planificar y administrar nuestros pagos de manera efectiva.

El manejo adecuado de las fechas de corte y pago puede tener un impacto significativo en nuestro historial crediticio. Si realizamos los pagos antes de la fecha de vencimiento, demostramos responsabilidad y puntualidad en el manejo del crédito, lo que puede mejorar nuestra calificación crediticia. Por otro lado, si nos retrasamos en los pagos, podemos dañar nuestra puntuación crediticia y enfrentar cargos por intereses y penalidades.

Contar con dos tarjetas de crédito con fechas de pago diferentes (una con pago el 1 y la otra con pago el 15 de cada mes) puede ofrecer beneficios significativos. Al tener una tarjeta con una fecha de pago temprana y otra con una fecha de pago posterior, podemos distribuir nuestros gastos a lo largo del mes y evitar una carga financiera abrumadora en una sola fecha. Esto nos brinda mayor flexibilidad para administrar nuestro flujo de efectivo y asegurarnos de cumplir con los pagos de manera oportuna.

Para aprovechar al máximo las fechas de corte y pago, es fundamental llevar a cabo una planificación y un monitoreo constantes. Esto implica conocer las fechas específicas de nuestras tarjetas, establecer recordatorios y llevar un seguimiento de los gastos realizados en cada una de ellas. Al mantener un registro actualizado de nuestras transacciones y saldos pendientes, podemos administrar mejor nuestros pagos y evitar el riesgo de retrasos o cargos por intereses. Además, estar al tanto de las fechas de corte nos permite evaluar nuestros hábitos de gasto y realizar ajustes si es necesario, lo que nos ayudará a mantener un equilibrio financiero saludable.

Veamos un ejemplo práctico con la ilustración 13 para reforzar el entendimiento de las fechas en una tarjeta de crédito.

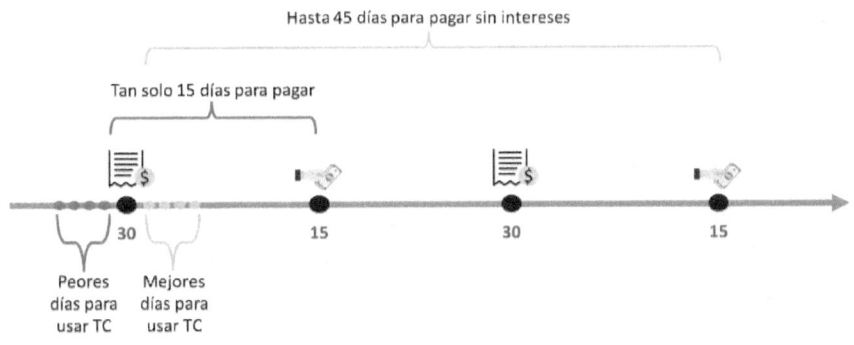

Ilustración 13: Fechas importantes en una tarjeta de crédito

Se destaca que la tarjeta en cuestión tiene una fecha de facturación fija para el día 30 de cada mes, mientras que la fecha límite de pago es el día 15. Durante la fecha de facturación, se incluyen todos los gastos realizados con la tarjeta hasta esa fecha, y el pago correspondiente se programa para el día 15 del mes siguiente. Por lo tanto, los días inmediatamente anteriores a la fecha de corte se consideran desfavorables para hacer compras con la tarjeta de crédito, ya que solo se dispone de un máximo de 15 días para realizar el pago.

En contraste, si se evita utilizar la tarjeta justo antes de la fecha de facturación, por ejemplo, posponiendo las compras hasta el día 1 o 2 del mes siguiente, esas compras se facturarán el día 30 de ese mismo mes y se otorgará un plazo de pago hasta el día 15 del mes entrante. En este escenario, las compras tendrán un plazo máximo de 45 días para ser pagadas.

Con el objetivo de ilustrar este concepto, consideremos un ejemplo práctico: imaginemos una compra de USD 5,000 realizada el día 1 del mes utilizando la tarjeta de crédito. A partir de ese primer día, se comienza a disfrutar del bien o servicio adquirido sin haberlo pagado aún. Si ese mismo día se depositan esos USD 5,000 en un fondo de inversión con un rendimiento anual del 5 %, que equivale a un rendimiento del 0.612 % en esos 45 días, se obtendrían aproximadamente USD 31 en ganancias. Aunque no se trata de una suma considerable, si se repite esta operación varias veces, es posible generar ingresos adicionales sin realizar esfuerzos adicionales.

Se enfatiza que alcanzar este nivel de gestión de la deuda requiere una organización ejemplar para evitar pérdidas económicas.

Respeta los rubros

A pesar de utilizar tarjetas de crédito, es esencial no perder de vista que el dinero utilizado proviene de un rubro ya planificado. Nunca se debe exceder el presupuesto establecido para cada rubro. Al hacer una compra con tarjeta de crédito, es importante simular que se realizó en efectivo y provisionar el dinero para pagar la tarjeta en la próxima fecha de pago. Esto garantiza un manejo responsable y un control adecuado de las finanzas personales.

Nunca se debe pagar más de lo que pagarías en efectivo

Las tarjetas de crédito deben ser utilizadas con prudencia, considerando siempre no gastar más dinero del que se gastaría si la compra se realizara en efectivo. Es fundamental seleccionar tarjetas de crédito que no tengan cuota de manejo y realizar todas las compras a una sola cuota para evitar costos adicionales. Es recomendable investigar detenidamente si la tarjeta de crédito que se posee o se planea obtener cobra intereses por las compras realizadas a una sola cuota, ya que estas tarjetas no son recomendables para su uso.

En muchas ocasiones, se pueden encontrar ofertas sumamente atractivas al adquirir productos o servicios mediante el uso de tarjetas de crédito. En este escenario, la recomendación es analizar detenidamente si realmente se necesita lo que se planea comprar, o si la decisión está siendo impulsada únicamente por la tentadora promoción. Otra consideración importante consiste en llevar a cabo un exhaustivo cálculo para determinar si el costo total que se terminará abonando con la tarjeta sigue siendo beneficioso, incluso después de pagar los cargos por manejo, intereses y seguros generados durante el plazo de la obligación contraída. Si los números siguen favoreciendo el uso de la tarjeta, entonces se puede proceder con confianza, aprovechando así los beneficios que ofrece. En el mercado existen numerosas promociones que pueden ser aprovechadas al poseer una tarjeta de crédito adecuada y contar con una inteligencia financiera sólida.

Es importante tener presente que alcanzar un nivel óptimo de gestión de la deuda con tarjetas de crédito requiere una excelente organización financiera. Esto implica llevar un registro detallado de los gastos realizados con la tarjeta, respetar el presupuesto mensual de los rubros y planificar los pagos de manera efectiva para evitar intereses y cargos adicionales. Asimismo, se recomienda realizar pagos puntuales y, en la medida de lo posible, pagar el saldo total de la tarjeta cada mes para evitar acumular deudas y mantener un buen historial crediticio.

Capítulo 8

Maximizando tus créditos hipotecarios y ahorrando dinero

En capítulos anteriores, aprendimos sobre la diferencia entre la deuda buena y la deuda mala, y cómo los créditos pueden ser herramientas financieras poderosas si se utilizan de manera adecuada. En este capítulo, nos enfocaremos específicamente en los créditos hipotecarios, que son una forma común de financiar la compra de viviendas. Exploraremos la importancia de los bancos en este proceso, los diferentes tipos de créditos hipotecarios disponibles y, lo más importante, cómo reducir tus pagos y ahorrar dinero a través de aportes adicionales al capital.

La importancia de los bancos y los créditos hipotecarios

Los bancos desempeñan un papel fundamental en la economía al proporcionar financiamiento para diversas necesidades, como la adquisición de viviendas. Los créditos hipotecarios son préstamos otorgados por los bancos para ayudarte a comprar una casa, y su importancia radica en que te permiten acceder a una propiedad incluso si no dispones del dinero completo de forma inmediata.

Crédito hipotecario a tasa fija

El crédito hipotecario a tasa fija es un tipo de préstamo en el que el interés se mantiene constante durante todo el plazo del crédito. Esto significa que la tasa de interés acordada en el momento de la contratación no cambiará, independientemente de las fluctuaciones del mercado financiero. Las características principales de este tipo de crédito son:

a. **Estabilidad**: Al tener una tasa de interés fija, los pagos mensuales del préstamo se mantienen constantes a lo largo del plazo establecido. Esto brinda certeza y estabilidad al prestatario, ya que puede planificar sus finanzas sin preocuparse por posibles aumentos en los pagos mensuales.
b. **Previsibilidad**: Al conocer de antemano el monto exacto de los pagos mensuales, los prestatarios pueden presupuestar de manera más precisa y evitar sorpresas desagradables en el futuro.

Ventajas del crédito hipotecario a tasa fija

a. **Protección contra aumentos de tasas**: Una de las principales ventajas de este tipo de crédito es que te protege de los aumentos en las tasas de interés. Si los tipos de interés del mercado suben, no se verán reflejados en tu hipoteca, lo que te brinda estabilidad financiera y evita posibles aumentos significativos en tus pagos mensuales.
b. **Planificación financiera**: Al tener pagos fijos, es más fácil planificar tus finanzas a largo plazo. Puedes presupuestar de manera más precisa, lo que te permite tener un control mejorado de tus gastos e inversiones.
c. **Seguridad y tranquilidad**: Saber que tus pagos mensuales no cambiarán te brinda tranquilidad y seguridad financiera. No tendrás que preocuparte por posibles aumentos en los pagos mensuales que puedan afectar tu capacidad de pago.

Desventajas del crédito hipotecario a tasa fija

a. **Tasas iniciales más altas**: En comparación con los créditos hipotecarios a tasa variable, los créditos a tasa fija suelen tener tasas de interés iniciales más altas. Esto se debe a que los prestamistas deben compensar el riesgo de mantener una tasa fija a lo largo del plazo del préstamo.

b. **Falta de beneficios en caso de disminución de tasas**: Cuando se produzca una reducción en las tasas de interés en el mercado financiero, el titular del préstamo no podrá aprovechar automáticamente dichas disminuciones. Continuará abonando la misma tasa acordada en el momento de la obtención del préstamo, a menos que solicite activamente la refinanciación del crédito. Es importante destacar que el banco no realizará una reducción en el interés de manera automática, sino que esta acción debe ser solicitada por el cliente

Crédito hipotecario a tasa variable

Un crédito hipotecario a tasa variable es un préstamo en el que el interés puede cambiar a lo largo del plazo del crédito. La tasa de interés está vinculada a un índice de referencia, como la tasa preferencial o la tasa interbancaria, que fluctúa según las condiciones del mercado financiero. A medida que el índice de referencia cambia, la tasa de interés del préstamo también se ajusta.

Ventajas del crédito hipotecario a tasa variable

a. **Tasas iniciales más bajas**: Por lo general, los créditos a tasa variable tienen tasas de interés iniciales más bajas que los créditos a tasa fija. Esto puede resultar en pagos mensuales más bajos al comienzo del préstamo.
b. **Posibilidad de aprovechar reducciones de tasas**: Si las tasas de interés disminuyen en el mercado financiero, es posible que tu tasa de interés también disminuya, lo que puede resultar en pagos mensuales más bajos.

Desventajas del crédito hipotecario a tasa variable

a. **Riesgo de aumentos en las tasas**: A diferencia de los créditos a tasa fija, las tasas de interés en un crédito a tasa variable pueden aumentar a lo largo del plazo del préstamo. Esto puede llevar a pagos mensuales más altos y afectar tu capacidad de pago.
b. **Menor estabilidad y predictibilidad**: Con las tasas de interés variables, los pagos mensuales pueden fluctuar, lo que dificulta la planificación financiera a largo plazo.
c. **Incertidumbre en el futuro**: No hay garantía de cómo evolucionarán las tasas de interés en el futuro. Si las tasas aumentan significativamente, tus pagos mensuales podrían volverse inmanejables.

Factores a considerar al optar por un crédito hipotecario a tasa variable

a. **Tolerancia al riesgo**: Debes evaluar tu tolerancia al riesgo financiero. Si te sientes cómodo asumiendo el riesgo de

posibles aumentos en las tasas de interés, un crédito a tasa variable puede ser adecuado.
b. **Perspectiva económica**: Considera la situación económica actual y las perspectivas futuras. Si las tasas de interés están bajas y se espera que disminuyan o se mantengan estables, un crédito a tasa variable puede ser atractivo.
c. **Plan de contingencia**: Si optas por un crédito a tasa variable, debes tener un plan de contingencia en caso de aumentos significativos en las tasas de interés. Asegúrate de tener un margen de maniobra financiero para hacer frente a pagos más altos si fuera necesario.

Crédito hipotecario con tasa mixta

Un crédito hipotecario con tasa mixta combina características de los créditos a tasa fija y los créditos a tasa variable. Por lo general, se divide en dos etapas: una etapa inicial con una tasa fija y una segunda etapa con una tasa variable. Durante la etapa fija, la tasa de interés se mantiene constante por un período determinado (por ejemplo, 5 años), y luego se convierte en una tasa variable que se ajusta periódicamente según un índice de referencia.

Ventajas del crédito hipotecario con tasa mixta:

a. **Estabilidad inicial**: Durante la etapa fija, experimentarás pagos mensuales estables y predecibles, lo que te brinda una sensación de estabilidad financiera.

b. **Posibilidad de aprovechar tasas bajas**: Durante la etapa variable, si las tasas de interés disminuyen, podrás beneficiarte de pagos mensuales más bajos.
c. **Flexibilidad en pagos anticipados**: Al igual que con los créditos a tasa variable, los créditos con tasa mixta generalmente permiten pagos anticipados sin penalización, lo que te permite ahorrar en intereses y reducir el capital.

Desventajas del crédito hipotecario con tasa mixta:

a. **Incertidumbre en la etapa variable**: Durante la etapa variable, tus pagos mensuales pueden aumentar si las tasas de interés suben, lo que puede afectar tu capacidad de pago y tu presupuesto.
b. **Posibles restricciones y condiciones**: Al optar por un crédito con tasa mixta, es importante revisar cuidadosamente los términos y condiciones, ya que puede haber restricciones sobre cuánto pueden variar las tasas o límites en los pagos mensuales.

Momentos en los que puede ser beneficioso elegir un crédito hipotecario con tasa mixta:

a. **Planificación a corto plazo**: Si planeas vender la propiedad o refinanciarla dentro de la etapa fija, puedes aprovechar las tasas de interés más bajas al inicio del crédito sin preocuparte por posibles aumentos en el futuro.
b. **Expectativas de tasas de interés**: Si crees que las tasas de interés pueden disminuir o mantenerse estables en el

futuro, optar por una etapa variable puede permitirte aprovechar esas condiciones favorables.

c. **Flexibilidad financiera**: Si tienes la capacidad de afrontar posibles aumentos en los pagos mensuales durante la etapa variable y prefieres tener un período inicial con tasas fijas estables, un crédito con tasa mixta puede ser adecuado.

Ahorrando dinero mediante aportes adicionales al capital

Uno de los aspectos más importantes al adquirir un crédito hipotecario es considerar estrategias que te permitan ahorrar dinero a largo plazo. Una de ellas es realizar aportes adicionales al capital, lo que puede tener un impacto significativo en la reducción de tus pagos totales y el tiempo necesario para pagar tu hipoteca.

¿Qué son los aportes adicionales al capital?

Los aportes adicionales al capital son pagos voluntarios que realizas por encima de los pagos regulares de tu hipoteca para reducir el saldo pendiente de la deuda hipotecaria. Estos pagos adicionales se aplican directamente a la reducción del capital de tu préstamo, lo que te permite ahorrar en intereses y acelerar la amortización de la hipoteca.

¿Cómo se aplican estos pagos adicionales a la reducción de la deuda hipotecaria?

Cuando realizas un aporte adicional al capital de tu hipoteca, el dinero se aplica directamente a la reducción del saldo pendiente de tu préstamo. Esto significa que el monto total de tu deuda disminuye, lo que a su vez reduce los intereses que pagarás a lo largo del plazo de la hipoteca. Además, al reducir el saldo pendiente, también se reduce el tiempo necesario para pagar la hipoteca por completo.

Beneficios de realizar aportes adicionales al capital:

a. **Reducción del saldo pendiente de la hipoteca**: Cada vez que realizas un aporte adicional al capital, reduces la cantidad de dinero que debes. Esto te permite disminuir el saldo pendiente de tu hipoteca más rápidamente, lo que puede tener un impacto significativo a largo plazo.

b. **Disminución del tiempo necesario para pagar la hipoteca**: Al reducir el saldo pendiente, también se acorta el tiempo necesario para pagar la hipoteca por completo. Esto significa que puedes ser propietario de tu casa en un período de tiempo más corto y estar libre de deudas hipotecarias más rápidamente.

c. **Ahorro en intereses a largo plazo**: Al reducir el saldo pendiente de tu hipoteca, también reduces los intereses que pagarás a lo largo del plazo del préstamo. Esto puede suponer un ahorro considerable a largo plazo y te permite destinar esos fondos a otras metas financieras.

Estrategias para hacer aportes adicionales al capital:

Aportes regulares versus aportes ocasionales: Puedes establecer una estrategia de aportes regulares adicionales al capital, por ejemplo, realizando pagos mensuales o trimestrales adicionales. También puedes aprovechar ingresos inesperados o bonificaciones para hacer aportes ocasionales más grandes al capital.

Utilización de ingresos extra: Cualquier ingreso extra que recibas, como bonificaciones o aumentos salariales, puede destinarse directamente a realizar aportes adicionales al capital de tu hipoteca. Esto maximiza el impacto de esos ingresos adicionales y acelera la reducción de la deuda.

Ahorro mensual destinado específicamente a pagos adicionales al capital: Puedes establecer un plan de ahorro mensual destinado específicamente a realizar pagos adicionales al capital de tu hipoteca. Establece un objetivo de ahorro y comprométete a destinar esa cantidad adicional cada mes para reducir tu deuda más rápidamente.

Endosar los seguros de tu deuda: La mayoría de los créditos están respaldados por pólizas de seguros obligatorias. Sin embargo, existe la posibilidad de solicitar el endoso de estos seguros a la entidad financiera. Si cumples con las condiciones del banco, podrán aprobarlo. En resumen, esta práctica implica obtener un seguro por tu cuenta que ofrezca la misma cobertura que el seguro del banco, pero a menudo a un costo más bajo. Esto resultará en una disminución de tu cuota mensual, y el dinero extra que ahorras se puede utilizar para realizar pagos adicionales directamente al capital del préstamo.

¡Ojo, nota muy muy importante! Antes de realizar aportes adicionales al capital, es importante revisar las condiciones de tu crédito hipotecario, ya que algunos contratos pueden incluir penalidades por pagos anticipados. ¡Asegúrate!

Ejercicio aplicado

Este ejercicio es aplicable en prácticamente cualquier banco del mundo, ya que las fórmulas utilizadas son universales. Para ilustrarlo, supongamos que has obtenido un crédito hipotecario en un banco y deseamos analizar las siguientes condiciones del préstamo:

Valor Préstamo	USD 100,000
Tasa Fija (E.M.)	0.80%
Periodos	240
Seguro vida / mes	USD 5
Otros seguro / mes	USD 9

Ilustración 14. Condiciones del crédito

La cuota mensual fija será de USD 950.64. A partir del primer día, se comenzarán a generar intereses al banco por el monto total del préstamo. Cada céntimo adeudado estará sujeto a generar intereses durante todo el plazo de la obligación. Por esta razón, cuanto más rápido se pague la deuda, menos dinero tendremos que pagar al banco. Veamos ahora cómo se distribuye el pago en la primera cuota.

Cuota total	USD 950.64
Seguro vida	USD 5.00
Otros seguros	USD 9.00
Intereses	USD 797.41
Abono a capital	USD 139.23

Ilustración 15. Distribución cuota 1 del préstamo

Según la ilustración 15, de los USD 950.64 de la primera cuota, solo se destinarán USD 139.23 para abonar la deuda, mientras que el resto del dinero se distribuirá entre el banco y las aseguradoras. Después de efectuar este primer pago, la deuda con el banco se reducirá a USD 99,860.77. Veamos ahora cómo se distribuirá el pago en la segunda cuota.

Cuota total	USD 950.64
Seguro vida	USD 5.00
Otros seguros	USD 9.00
Intereses	USD 796.30
Abono a capital	USD 140.34

Ilustración 16. Distribución cuota 2 del préstamo

Se puede observar en la ilustración 16, que, aunque el monto destinado a intereses ha disminuido, sigue siendo significativamente alto y que la cantidad abonada al capital ha aumentado, pero sigue siendo relativamente baja. Este es el patrón común en cualquier crédito, donde los intereses comienzan siendo elevados y disminuyen a medida que pasa el tiempo, mientras que el capital se comporta de manera opuesta. En la ilustración 17 se puede apreciar claramente este comportamiento.

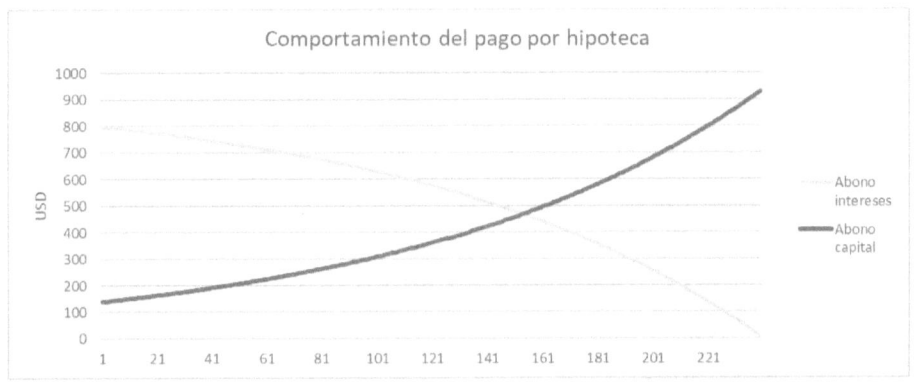

Ilustración 17. Comportamiento abono a interés y abono a capital

Recomendación: ¡Es muy importante abonar a capital desde el principio de la obligación!

Al realizar pagos adicionales al capital, se producirá una reducción en la cantidad de dinero que debemos pagar a los bancos, lo cual representa un ahorro. En la ilustración 18, podremos ver cuánto podríamos ahorrar si decidimos realizar abonos extras al capital desde la cuota número 1.

	Abono extra	Periodos pago	Total a pagar	Ahorro
1	USD 0	240	USD 228,153.49	0
2	USD 10	233	USD 223,454.93	USD 4,698.56
3	USD 50	208	USD 208,049.14	USD 20,104.35
4	USD 100	185	USD 193,973.51	USD 20,104.35
5	USD 200	153	USD 175,184.52	USD 52,968.97
6	USD 500	103	USD 147,922.96	USD 80,230.53

Ilustración 18. Ahorro por abono extra a capital

Para una comprensión más completa del ejemplo, se sitúa en la cuarta fila de la ilustración 18, donde se realiza un abono adicional de 100 USD mensuales. En este escenario, se observa que la deuda se liquidaría en 185 meses en lugar de los 240 meses requeridos sin el abono extra. Además, el total a pagar se reduciría significativamente, generando un ahorro de USD 20,104.35. En definitiva, esta estrategia resulta valiosa y digna de consideración.

La recomendación de generar ahorros mediante pagos adicionales al capital puede generar debates y discusiones, ya que un asesor financiero podría argumentar que ese dinero destinado al abono al capital podría ser invertido en otro negocio que genere mayor rentabilidad, y esto es válido. Sin embargo, en ese caso, es crucial realizar un análisis exhaustivo y considerar todas las variables que intervienen. Por ejemplo:

a. **Ahorros en seguros**: Los créditos hipotecarios suelen requerir seguros obligatorios, los cuales se reducirían al disminuir la cantidad de cuotas del crédito.

b. **Impuestos sobre rendimientos de inversiones**: La mayoría de las inversiones realizadas con el dinero adicional generan impuestos que deben tenerse en cuenta al evaluar la rentabilidad.

c. **Inmediatez del ahorro al abonar al capital**: Al destinar los fondos al pago de la obligación, se obtiene un ahorro de manera inmediata. Por el contrario, si se invierte el dinero extra en algo diferente o se deposita en un fondo de inversión temporal, los fondos estarán disponibles y existe la posibilidad de que se gasten.

Si, después de realizar el análisis y tener en cuenta todas las variables, aún se determina que realizar una inversión es más beneficioso, entonces es recomendable llevar a cabo dicha inversión sin dudarlo. Lo importante es que siempre estemos seguros de tomar la decisión que más nos convenga desde el punto de vista financiero.

Recomendaciones adicionales:

Mantén un buen historial crediticio: Es fundamental cumplir con los pagos a tiempo y evitar retrasos o incumplimientos. Un buen historial crediticio te permitirá obtener mejores condiciones en futuros créditos, como tasas de interés más favorables o plazos más flexibles.

Opta por créditos de tasa fija: Los créditos hipotecarios a tasa fija brindan estabilidad en los pagos mensuales, ya que la tasa de interés se mantiene constante a lo largo del plazo del préstamo. Esto te ayuda a planificar tus finanzas con mayor certeza y evita sorpresas causadas por fluctuaciones en los tipos de interés.

Realiza el abono a capital el mismo día del pago: Si deseas que todo el dinero adicional se destine realmente a reducir el capital de tu préstamo, es recomendable realizar el abono a capital el mismo día en que efectúas el pago de la cuota regular. De esta manera, maximizarás el impacto en la reducción de la deuda.

Estar adelantado en los pagos: Mantén al menos un mes de adelanto en el pago de las cuotas para evitar cualquier riesgo de mora en caso de que olvides realizar el pago puntualmente. Esto te brinda tranquilidad y evita posibles penalizaciones o cargos adicionales.

Beneficios por pronto pago: Al realizar pagos anticipados, es posible que puedas obtener beneficios por pronto pago. Aunque estos beneficios pueden ser relativamente bajos, cada ahorro cuenta y contribuye a reducir la carga de la deuda.

Atento a las tasas de interés: En el caso de los créditos de tasa fija, las tasas de interés nunca subirán, pero si pueden bajar en el futuro. Por lo tanto, es recomendable estar atento a las tasas de interés y aprovechar la oportunidad de solicitar una reducción en la cuota si las tasas disminuyen. Esto puede resultar en un ahorro significativo a lo largo del plazo del préstamo.

Revisar las cláusulas de penalización por pre-pago: Antes de adquirir un crédito hipotecario, es importante revisar detenidamente las cláusulas del contrato para asegurarse de que no existan penalizaciones por realizar pagos anticipados o abonos a capital. Al evitar estas penalizaciones, tendrás la libertad de realizar pagos adicionales y reducir tu deuda de manera más eficiente.

Al seguir estas recomendaciones, estarás optimizando el manejo de tus créditos hipotecarios y aprovechando al máximo las oportunidades para reducir tu deuda y mejorar tu situación financiera. Recuerda consultar siempre con un asesor financiero para obtener orientación personalizada y asegurarte de tomar decisiones informadas sobre tus créditos hipotecarios.

Capítulo 9

El Historial Crediticio

El historial crediticio es un elemento clave en el mundo financiero moderno. Para aquellos que aspiran a alcanzar la excelencia financiera, comprender su importancia y aprender cómo generar un buen historial es fundamental. En este capítulo, exploraremos en detalle qué es el historial crediticio, por qué es tan relevante y cómo se puede construir y mantener de manera efectiva. También abordaremos las acciones a tomar si te encuentras reportado ante centrales de riesgos. Prepárate para descubrir los secretos de un historial crediticio impecable.

El historial crediticio y su significado

El historial crediticio es un registro detallado de tu comportamiento financiero y cómo has manejado tus obligaciones crediticias a lo largo del tiempo. Incluye información sobre tus préstamos, tarjetas de crédito, pagos atrasados, deudas pendientes, entre otros aspectos relevantes. Este historial es compilado y mantenido por las centrales de riesgo, organismos encargados de evaluar la solvencia crediticia de los individuos.

El historial crediticio es utilizado por instituciones financieras, prestamistas y otras entidades para evaluar el riesgo asociado a otorgarte crédito. Un historial crediticio positivo indica que has manejado tus obligaciones de manera responsable, lo que aumenta tu credibilidad y te brinda acceso a mejores condiciones crediticias, tasas de interés más bajas y límites de crédito más altos. Por otro lado, un historial negativo puede limitar tus opciones crediticias y dificultar el acceso a préstamos o financiamiento.

La importancia de un excelente historial crediticio

Un excelente historial crediticio no solo te brinda mejores oportunidades para obtener crédito, sino que también tiene un impacto significativo en otras áreas de tu vida financiera:

a. **Préstamos e hipotecas**: Al solicitar un préstamo para adquirir una vivienda, un automóvil o emprender un proyecto importante, un historial crediticio sólido te permitirá acceder a préstamos con tasas de interés favorables y condiciones más flexibles.
b. **Tarjetas de crédito**: Un buen historial te permitirá obtener tarjetas de crédito con límites más altos, lo que a su vez puede proporcionarte mayor flexibilidad financiera y beneficios adicionales, como recompensas por tus compras.
c. **Empleo y vivienda**: Algunos empleadores y arrendadores pueden solicitar información sobre tu historial crediticio como parte de su proceso de selección. Un historial positivo puede influir en su decisión y mejorar tus perspectivas laborales y opciones de vivienda.
d. **Seguros y servicios públicos**: Al solicitar un seguro de auto, vivienda o servicios públicos, las compañías pueden evaluar tu historial crediticio para determinar las tarifas o los depósitos requeridos. Un historial crediticio positivo puede resultar en primas más bajas y condiciones favorables.

En resumen, mantener un historial crediticio excelente no solo te brinda acceso a mejores opciones de crédito, sino que también mejora tu posición en diferentes aspectos de tu vida financiera.

Cómo generar un buen historial crediticio

Ahora que comprendes la importancia de un buen historial crediticio, veamos cómo puedes generar y mantener uno de manera efectiva:

a. **Establece una buena base**: Si eres nuevo en el mundo del crédito, comienza solicitando una tarjeta de crédito con un límite bajo o considera obtener un préstamo pequeño. Utiliza estos productos con responsabilidad, pagando siempre a tiempo y en su totalidad.
b. **Paga a tiempo**: El pago puntual es uno de los factores más importantes en tu historial crediticio. Establece recordatorios o automatiza tus pagos para asegurarte de cumplir con todas tus obligaciones a tiempo.
c. **Utiliza el crédito de manera responsable**: Mantén tu utilización de crédito bajo control. Evita llevar tus tarjetas de crédito al límite y no te endeudes más de lo que puedes pagar cómodamente.
d. **Diversifica tus tipos de crédito**: Tener una mezcla de préstamos y líneas de crédito puede tener un impacto positivo en tu historial. Considera solicitar diferentes tipos de crédito, como préstamos personales, hipotecas o préstamos estudiantiles, siempre y cuando los necesites y puedas administrarlos adecuadamente.
e. **Monitorea tu historial crediticio**: Revisa regularmente tu informe de crédito para asegurarte de que toda la información sea precisa y actualizada. Si identificas errores, comunícate con la agencia de informes crediticios correspondiente para corregirlos.

Si estás reportado ante centrales de riesgos

Si te encuentras en la situación de estar reportado ante las centrales de riesgo debido a un historial crediticio negativo, no todo está perdido. Aquí hay algunas acciones que puedes tomar:

a. **Analiza tu informe de crédito**: Obtén una copia de tu informe de crédito y revisa detenidamente los detalles de los reportes negativos. Asegúrate de comprender la naturaleza de las deudas o los pagos atrasados y toma nota de cualquier discrepancia.
b. **Establece un plan de acción**: Crea un plan realista para abordar tus deudas pendientes. Prioriza los pagos y busca formas de reducir tus gastos y aumentar tus ingresos para destinar más recursos al pago de tus obligaciones.
c. **Negocia con tus acreedores**: Contacta a tus acreedores y explora la posibilidad de establecer acuerdos de pago o negociar una reducción de la deuda. Muchas veces, los acreedores están dispuestos a trabajar contigo para encontrar soluciones.
d. **Busca asesoramiento financiero**: Considera buscar la asesoría de profesionales financieros o de organizaciones especial.
e. **Reporte erróneo**: La central de riesgo tiene procedimientos específicos para resolver disputas de información incorrecta. Asegúrate de seguir ese proceso y proporcionar toda la información que te soliciten.

Capítulo 10

Diversificación de los ingresos

Depender únicamente de una fuente de ingresos puede ser arriesgado. Depender exclusivamente de un único empleo, por ejemplo, te expone a posibles contratiempos, como un despido, reducción salarial o cambios en el mercado laboral. La diversificación de ingresos es fundamental por las siguientes razones:

a. **Mitigación del riesgo**: Al tener múltiples fuentes de ingreso, disminuyes la exposición a eventos imprevistos. Si una fuente de ingresos se ve afectada, las demás pueden ayudarte a mantener un flujo económico estable.
b. **Aumento de ingresos**: Al diversificar, puedes aumentar tus ganancias globales al aprovechar diferentes oportunidades de ingresos y desarrollar habilidades en diversas áreas.
c. **Flexibilidad y adaptabilidad**: La diversificación te brinda la capacidad de adaptarte a los cambios del mercado laboral y aprovechar oportunidades emergentes. Puedes explorar nuevos caminos y aprovechar tus talentos y pasiones.

Fuentes de ingresos populares

Existen diversas fuentes de ingreso que puedes considerar al diversificar tus fuentes de ingresos. Algunas de las más populares incluyen:

a. **Empleo tradicional**: Un empleo a tiempo completo o parcial sigue siendo una de las fuentes de ingreso más

comunes. Asegúrate de desarrollar habilidades en demanda y mantenerte actualizado con los cambios del mercado laboral.
b. **Emprendimiento**: Iniciar tu propio negocio te brinda la posibilidad de generar ingresos y ejercer control sobre tu destino financiero. Puedes explorar diferentes modelos de negocio, como ventas en línea, servicios profesionales, franquicias, entre otros.
c. **Ingresos pasivos**: Los ingresos pasivos son aquellos que no requieren una dedicación de tiempo constante. Pueden provenir de inversiones, propiedades de alquiler, derechos de autor, dividendos de acciones u otros activos financieros.
d. **Ingresos en línea**: El auge de Internet ha abierto una amplia gama de oportunidades para generar ingresos en línea. Esto incluye la monetización de blogs, marketing de afiliados, venta de productos o servicios digitales, creación de cursos en línea, entre otros.
e. **Inversiones**: Participar en el mercado de valores, invertir en bienes raíces, bonos, ETFS o fondos de inversión son opciones populares.

La importancia de la educación financiera en las inversiones

La educación financiera es esencial para tomar decisiones de inversión informadas y minimizar los riesgos asociados. Al entender los diferentes productos de inversión, evaluar riesgos, diversificar tu cartera y utilizar estrategias de gestión del riesgo, estarás en una posición sólida para realizar inversiones seguras y proteger tu patrimonio. Continúa buscando recursos y aprendiendo constantemente, ya que la educación financiera es un viaje continuo que te brindará la confianza y las habilidades necesarias para tomar decisiones inteligentes en el mundo de las inversiones. Aquí te presento algunas razones clave de la educación financiera:

 a. **Conocimiento sobre los productos de inversión**: La educación financiera te proporciona el conocimiento necesario para entender los diferentes productos de inversión, como acciones, bonos, fondos mutuos, bienes raíces, entre otros. Comprender cómo funcionan, sus riesgos y sus rendimientos potenciales te permite evaluar y seleccionar las opciones más adecuadas para tus objetivos y tolerancia al riesgo.
 b. **Análisis y evaluación de riesgos**: La educación financiera te capacita para realizar un análisis adecuado y evaluar los riesgos asociados a una inversión. Aprenderás a analizar los estados financieros de una empresa, examinar las condiciones del mercado y evaluar otros factores relevantes antes de tomar decisiones de inversión. Esto te ayuda a identificar oportunidades sólidas y a evitar inversiones de alto riesgo.
 c. **Diversificación de cartera**: La educación financiera te enseña la importancia de diversificar tu cartera de inversiones. Al entender los principios de diversificación, podrás distribuir tus inversiones en diferentes clases de activos, sectores y geografías, reduciendo así el riesgo de pérdidas significativas debido a la volatilidad de un solo activo o mercado.

d. **Gestión del riesgo y protección del patrimonio**: La educación financiera te proporciona herramientas y estrategias para gestionar los riesgos asociados a las inversiones. Aprenderás a establecer límites de pérdida, aplicar técnicas de cobertura y diversificación, y tomar decisiones informadas para proteger tu patrimonio a largo plazo.

Recursos y libros recomendados

Para ampliar tu educación financiera y fortalecer tus conocimientos en inversiones, te recomendamos algunos libros populares:

a. **"Padre rico, padre pobre" de Robert Kiyosaki**: Este libro clásico aborda los conceptos fundamentales de la educación financiera y ofrece una perspectiva única sobre el manejo del dinero y la construcción de activos.
b. **"El inversor inteligente" de Benjamin Graham**: Considerado un clásico en el mundo de las inversiones, este libro proporciona valiosas enseñanzas sobre el análisis fundamental y la gestión del riesgo en el mercado de valores. Graham ofrece estrategias para identificar inversiones sólidas a través de un enfoque disciplinado y de largo plazo.
c. **"Un paso por delante de Wall Street" de Peter Lynch**: Escrito por uno de los inversores más exitosos de todos los tiempos, este libro brinda una visión práctica y accesible sobre cómo identificar oportunidades de inversión en el mercado cotidiano. Lynch enfatiza la

importancia de la investigación personal y la observación del entorno para encontrar empresas prometedoras.

d. **"El pequeño libro para invertir con sentido común" de John C. Bogle**: Este libro destaca la filosofía de inversión de Bogle, el fundador de Vanguard Group. Bogle defiende una estrategia de inversión de bajo costo a través de fondos indexados, resaltando la importancia de mantener una perspectiva a largo plazo y evitar las trampas del mercado.

e. **"A Random Walk Down Wall Street" de Burton G. Malkiel**: Este libro explora la teoría de mercado eficiente y argumenta a favor de la inversión pasiva a través de fondos indexados. Malkiel desafía las estrategias de selección de acciones activas y defiende la diversificación y la disciplina a largo plazo como claves para el éxito en las inversiones.

f. **"El arte de invertir: En qué invierten los ricos ¡a diferencia de las clases media y pobre!" de Andrés Gómez Emilsson**: Este libro ofrece una visión clara y práctica sobre cómo invertir de manera inteligente y cómo evitar errores comunes. Gómez Emilsson comparte valiosas estrategias y consejos basados en su experiencia en el mundo de las finanzas.

g. **"Educación financiera avanzada partiendo de cero" de Gregorio Hernández Jiménez**: Este libro aborda los conceptos básicos de la educación financiera y proporciona un enfoque paso a paso para mejorar tus habilidades en la gestión del dinero, la inversión y la planificación financiera personal.

h. **"El código del dinero" de Raimon Samsó**: En este libro, Samsó presenta una guía práctica para alcanzar la independencia financiera a través de la inversión inteligente y el desarrollo de negocios. Ofrece estrategias claras y consejos prácticos para alcanzar la libertad financiera.

i. **"Inversión y Finanzas Personales" de Alejandro Fernández W.**: Este libro aborda diversos temas relacionados con las inversiones y las finanzas personales, como el análisis fundamental, la diversificación de cartera, la planificación financiera y la gestión del riesgo. Proporciona un enfoque integral y práctico para tomar decisiones financieras informadas.

j. **"Pequeño cerdo capitalista" de Sofía Macías**: Este libro se centra en brindar consejos y estrategias prácticas para mejorar tus finanzas personales y comenzar a invertir. Macías aborda temas como el ahorro, el presupuesto, el manejo de deudas y la inversión, en un lenguaje accesible y entretenido.

Recuerda que estos libros son solo algunas recomendaciones y existen muchos otros recursos disponibles para fortalecer tu educación financiera en el ámbito de las inversiones. Además, considera también la posibilidad de buscar cursos en línea, seminarios, webinars y otras fuentes de información confiables que te ayuden a adquirir conocimientos adicionales.

Agradecimientos

Quiero dedicar este libro a las personas que han sido fundamentales en mi vida, quienes me han brindado su amor, apoyo y constante inspiración. Sin ellos, este proyecto no habría sido posible. Agradezco de corazón a:

A mi adorada madre "Luchi" y mi querido padre "Jasvi": Desde mis primeros pasos en este mundo, ustedes han sido mis pilares inquebrantables. Su amor incondicional, sabiduría y guía me han enseñado el valor del esfuerzo, la perseverancia y la integridad. Gracias por inculcarme los principios y valores que hoy me guían en cada paso que doy. Este libro es un tributo a su amor y dedicación.

A mis hermanos, mis compañeros de vida y fuente inagotable de inspiración: Nuestra conexión va más allá de la sangre, somos un equipo que se ha apoyado mutuamente en cada etapa del camino. Gracias Lili por siempre creer en mí, por desafiarme a ser mejor cada día y por ser testigos de mi crecimiento. Gracias Juanxo por enseñarme a ser un padre, por ser mi parcero del alma, hermano de sangre y amigo de corazón. Este libro lleva un pedacito de cada uno de ustedes, ya que su presencia ha sido una motivación constante.

A mi hermosa novia Daya, mi complemento perfecto: Tu amor, comprensión y apoyo incondicional han sido un regalo invaluable en mi vida. Gracias por creer en mí, por tu confianza, paciencia y por alentarme a perseguir mis sueños. Tu presencia en cada capítulo de esta historia ha sido mi mayor motivación. Eres mi roca inquebrantable.

A todos aquellos que han sido parte de mi viaje, amigos y seres queridos que han dejado su huella en mi corazón, gracias por su aliento y apoyo. Cada palabra de aliento, cada gesto de amistad ha sido un impulso para alcanzar mis metas y perseverar en los momentos difíciles.

Durante mucho tiempo, anhelé la oportunidad de escribir este libro y plasmar en él los conocimientos que he acumulado a lo largo de los años. En varias ocasiones, compartí estos conocimientos de manera verbal, ya que siempre tuve la intensión de transmitir mis ideas con los demás. Sin embargo, enfrenté un gran desafío al intentar plasmar esas ideas en el papel. Gracias a la lectura y corrección por parte de mis hermanos, novia y amigos, quienes me ayudaron a conectar mis ideas de manera más clara y elocuente, y algunas ayudas tecnológicas como el Chat GPT, que me ayudó con las correcciones ortográficas, lo cual puede ser muy útil para escritores novatos.

Por último, quiero agradecer a los lectores de este libro. Su confianza y tiempo invertido en estas páginas son un regalo preciado. Espero sinceramente que encuentren en estas palabras inspiración, conocimiento y motivación para alcanzar sus propios sueños y objetivos financieros.

Con gratitud eterna,

Juan Fernando López Valencia.

www.ingramcontent.com/pod-product-compliance
Lightning Source LLC
Chambersburg PA
CBHW020433220526
45464CB00002B/689